HORST-HEINRICH HITZEMANN

Stellvertretung beim sozialtypischen Verhalten

Schriften zur Rechtstheorie

Heft 7

Stellvertretung beim sozialtypischen Verhalten

Von

Dr. Horst-Heinrich Hitzemann

DUNCKER & HUMBLOT / BERLIN

Alle Rechte vorbehalten
© 1966 Duncker & Humblot, Berlin 41
Gedruckt 1966 bei Alb. Sayffaerth, Berlin 61
Printed in Germany
D 6

Meinen verehrten Lehrern
Herrn Professor Dr. H. Westermann
und
Herrn Professor Dr. W. Kunkel
in Dankbarkeit zugeeignet

Vorwort

Die vorliegende Arbeit setzt sich mit einem Thema auseinander, das trotz der ausgiebigen Diskussion über die faktischen Vertragsverhältnisse bislang nicht erörtert wurde.

Das Anliegen der Arbeit ist ein zweifaches: erstens soll der Versuch unternommen werden, die Schuldverhältnisse aus sozialtypischem Verhalten in das Haftungssystem der modernen Privatrechtsdogmatik einzugliedern, um ein Fundament zur Erörterung der Frage der Stellvertretung bei diesen Schuldverhältnissen zu schaffen. Zum anderen sollen die zahlreichen und heterogenen Einzelfragen zu dem Problemkreis der Stellvertretung beim sozialtypischen Verhalten auf einen gemeinsamen dogmatischen Nenner zurückgeführt und gleichzeitig für die juristische Praxis erschöpfend beantwortet werden.

Zum Dank verpflichtet bin ich der Studienstiftung des deutschen Volkes für die großzügige Förderung der Arbeit. Ebenso gilt mein Dank Herrn Ministerialrat a. D. Dr. Johannes Broermann für die Aufnahme meiner Schrift in sein Verlagsprogramm.

Münster, im Juli 1966

Horst-Heinrich Hitzemann

Inhaltsverzeichnis

Erster Abschnitt

Geschichtliche Entwicklung und heutiger Stand der Diskussion um die „faktischen Vertragsverhältnisse kraft sozialer Leistungsverpflichtung" 13

Zweiter Abschnitt

Die Lehre vom sozialtypischen Verhalten 17

1. *Kapitel:* Darstellung der Lehre vom sozialtypischen Verhalten nach der Rechtsprechung des Bundesgerichtshofs entsprechend der Lehrmeinung Larenz' 17

2. *Kapitel:* Dogmatische Einordnung des sozialtypischen Verhaltens in das System der juristischen Handlungen 20
   - § 1 Sozialtypisches Verhalten als rechtsgeschäftliches Handeln 20
   - § 2 Sozialtypisches Verhalten als reales Verhalten oder zweiseitiger Realakt 26

Dritter Abschnitt
Stellvertretung im Bereich der Daseinsvorsorge 29

1. *Kapitel:* Fremdwirkung ohne Abgabe einer ausdrücklichen Willenserklärung im Bereich der Daseinsvorsorge. Stellvertretung beim sozialtypischen Verhalten 29
   - § 1 Dogmatik der rechtsgeschäftlichen Stellvertretung der §§ 164 ff. BGB 31
   - § 2 Dogmatische Analyse des sozialtypischen Verhaltens 36
     1. Das Schuldverhältnis aus sozialtypischem Verhalten als ein Schuldverhältnis gewährten und in Anspruch genommenen Vertrauens 37
     2. Entstehung der Vertrauensbeziehung durch den sinnbezogenen und typisierten Eingriff in ein fremdes Rechtsgut 44
   - § 3 Zulassung einer Fremdwirkung auf Grund der dogmatischen Analyse des sozialtypischen Verhaltens 48
   - § 4 Mögliche Einwände gegen die Zulassung einer Fremdwirkung — Kritische Würdigung dieser Einwände 54

2. *Kapitel:* Fremdwirkung durch Abgabe einer ausdrücklichen Willenserklärung im Bereich der Daseinsvorsorge 62

§ 1 Die Gründe für die Abkehr von dem Institut des Rechtsgeschäfts im Bereich der Daseinsvorsorge — Kritische Würdigung dieser Gründe unter dem Gesichtspunkt der gewillkürten Stellvertretung 62

§ 2 Der Einwand Simitis' gegen die Anwendbarkeit des Instituts des Rechtsgeschäfts im Bereich der Daseinsvorsorge — Kritische Würdigung dieses Einwandes 70

§ 3 Der Einwand aus der dogmatischen Struktur des sozialtypischen Verhaltens als Realakt 74

3. *Kapitel:* Sonderfälle 77

§ 1 Fehlen der Vertretungsmacht bei Abgabe einer ausdrücklichen Willenserklärung im Bereich der Daseinsvorsorge 77

§ 2 Fremdwirkung beim sozialtypischen Verhalten auf Grund Rechtsscheins 78

Zusammenfassung 84

Literaturverzeichnis 86

Abkürzungsverzeichnis

AcP	Archiv für die civilistische Praxis
AO	Reichsabgabenordnung vom 13. 12. 1919 i. d. F. vom 22. 5. 1931
AVG	Angestelltenversicherungsgesetz vom 28. 5. 1924
BGH	Bundesgerichtshof
BGHZ	Entscheidungen des Bundesgerichtshofs in Zivilsachen
DVBl.	Deutsches Verwaltungsblatt
Gruch	Beiträge zur Erläuterung des Deutschen Rechts, begründet von Gruchot
h. L.	herrschende Lehre
HRR	Höchstrichterliche Rechtsprechung
JherJhb	Jherings Jahrbücher der Dogmatik des bürgerlichen Rechts
JurRundsch	Juristische Rundschau
JuS	Juristische Schulung
JW	Juristische Wochenschrift
JZ	Juristen-Zeitung
LZ	Leipziger Zeitschrift für das Deutsche Recht
MDR	Monatsschrift für Deutsches Recht
NJW	Neue Juristische Wochenschrift
OBG	Nordrhein-Westfalen. Gesetz über Aufbau und Befugnisse der Ordnungsbehörden vom 16. 10. 1956
OLG	Oberlandesgericht
OVG	Oberverwaltungsgericht
RG	Reichsgericht
RGZ	Entscheidungen des Reichsgerichts in Zivilsachen
RKnG	Reichsknappschaftsgesetz i. d. F. vom 1. 7. 1926
RVO	Reichsversicherungsordnung vom 19. 7. 1911 i. d. F. vom 15. 12. 1924
SchleswHolstAnz	Schleswig-Holsteinische Anzeigen
SoergelRspr	Rechtsprechung zum BGB, EGzBGB, CPO, KO, GBO und RFG, bearbeitet von Soergel
VerwRspr	Verwaltungsrechtsprechung
VRS	Versicherungsrecht. Juristische Rundschau für die Individualversicherung
WarnRspr	Sammlung zivilrechtlicher Entscheidungen des Reichsgerichts, hrsg. von Buchwald
ZRH	Zeitschrift für das gesamte Handelsrecht und Konkursrecht, begründet von Goldschmidt
ZStaatsW	Zeitschrift für die gesamte Staatswissenschaft

Erster Abschnitt

Geschichtliche Entwicklung und heutiger Stand der Diskussion um die „faktischen Vertragsverhältnisse kraft sozialer Leistungsverpflichtung"

Seit der bekannten Schrift von Günter Haupt[1] aus dem Jahre 1941 ist die Diskussion um die sogenannten faktischen Vertragsverhältnisse oder um die Schuldverhältnisse aus sozialtypischem Verhalten, wie sie heute, im Anschluß an Larenz[2], allgemein genannt werden, nicht mehr zur Ruhe gekommen. Schon unmittelbar nach dem Erscheinen der Hauptschen Schrift schloß sich eine lebhafte und weitverzweigte Diskussion an, die für das Privatrecht zu einer der juristischen Wasserscheiden wurde.

Während manche[3] Haupt grundsätzlich darin zustimmten, daß das Verpflichtungsverhältnis der typisierten Leistungsbeziehungen des modernen Massenverkehrs durch rein tatsächliche Verhaltensweisen, nämlich dem öffentlichen Angebot der Leistung und der tatsächlichen Inanspruchnahme durch den Benutzer, zustande kommt, beantworteten andere[4] Haupts Vorschläge mit einem „entschiedenen Nein", indem sie meinten, der Begriff der Willenserklärung, den das Gesetz zwar braucht, aber nicht definiert[5], sei, modifiziert durch das Prinzip des Vertrauensschutzes, elastisch genug, um auch diese durch die soziologischen Gegebenheiten gewandelten und verobjektivierten Tatbestände in sich aufzunehmen, so daß für eine derartige Rechtsfortbildung, die zu einer Zweispurigkeit des Schuldrechts führen muß, die dogmatische Notwendigkeit und Rechtfertigung fehle. Auch für diese typisierten Lei-

---

[1] Günter Haupt, Über faktische Vertragsverhältnisse, Leipzig 1941.

[2] Erstmalig in L 1, S. 27; vgl. ferner L 7, S. 33; NJW 1956, 1897; DRiZ 1958, S. 245.
Schon Kaemmerer, PostArch 1943, S. 413, verwendet in dem Bereich der Daseinsvorsorge erstmalig den Ausdruck vom „sozialtypischen Tatbestand".

[3] Vgl. Tasche, JherJhb 90, S. 101 ff; Esser, Schmollers Jahrbuch 1942 I, S. 230 ff; Kaemmerer, PostArch 1943, S. 397 ff; Nolte, DR 1942, S. 717 ff; Gierke, ZHR 109, S. 265 f; Kittel, Archiv für Eisenbahnwesen 1942, S. 643 ff; damals auch noch weitgehend Wieacker, ZAkDR 1943, S. 33 ff.

[4] Vgl. Lehmann, JherJhb 90, 135 ff; Dölle, ZStaatsW 103, S. 67 ff.

[5] Vgl. Leist, AcP 102, 278: „Das Gesetz schreibt nicht vor, was unter Willenserklärung zu verstehen ist".

stungsbeziehungen sei der Verpflichtungsgrund rechtsgeschäftlicher Natur.

Zu diesen beiden grundsätzlichen Lehrmeinungen kamen noch modifizierte andere.

Löning[6] wirft Haupt vor, er habe noch einen Schritt zu wenig getan, wenn er für diese neuartigen Erscheinungsformen überhaupt noch die Zuständigkeit der Zivilgerichte bejahe. Löning unterstützt im Bereich der Daseinsvorsorge den Totalitätsanspruch des öffentlichen Rechts und will diese Rechtsverhältnisse generell aus dem Privatrechtssystem ausgliedern und dem öffentlichen Recht unterstellen, weil die Verwaltung im Bereich der Daseinsvorsorge „die Versorgung im ganzen sich als Aufgabe angegliedert hat"[7], und nur in dieser Weise eine wirklichkeitsnahe Gestaltung der Rechtsverhältnisse der Daseinsvorsorge gewährleistet sei. Jede privatrechtliche Konstruktion sei „wirklichkeitsfremd[8, 9]".

Demgegenüber sieht Spieß[10] für diese modernen Leistungsbeziehungen in der Bekanntgabe des Tarifs den Verpflichtungsgrund zwischen den Parteien; „schon aus seiner an sich nur einseitig erlassenen Erklärung entstehen ... gegenseitige Rechtsbeziehungen und gegebenenfalls auch Verpflichtungen zwischen Tarifherausgeber und Tarifaufnehmer ... auch bevor die typischen Voraussetzungen des Vertragsschlusses im Sinne des bürgerlichen Rechts dabei erfüllt sind[11]". Der Tarif sei deshalb obligatorisch rechtsverbindlich, weil er ein Anwendungsfall der Auslobung gem. §§ 657 ff BGB sei[12].

Müller-Eisert[13] schließlich lehnt sowohl die Begründung dieser Schuldverhältnisse im Bereich der Daseinsvorsorge qua Willenserklärungen als auch qua faktisches Verhalten ab, sondern will vielmehr zwei Arten juristischer Vertragsschlüsse unterscheiden: die Schuld-Begründungs-Vertragsabschlüsse und die Haftungs-Begründungs-Vertragsabschlüsse[14], und diese Erscheinungsformen in die von ihm geschaffene Gruppe der Haftungsbegründungsverträge eingliedern, damit auf diese Weise ver-

---

[6] In ZAkDR 1942, S. 289 ff.
[7] a. a. O., S. 290.
[8] a. a. O., S. 290.
[9] Gegen Löning wiederum Wieacker, ZAkDR 1943 S. 37; Kaemmerer, PostArch 1943, S. 397 ff; und jetzt auch Simitis, S. 513 f.
[10] In ZAkDR 1942, S. 340 ff; und ZAkDR 1943, S. 170 ff.
[11] ZAkDR 1942, S. 344.
[12] Gegen Spieß wiederum Larenz, NJW 1956, S. 1898, und Simitis, S. 496.
[13] In Deutsches Gemein- und Wirtschaftsrecht 1942, 160 f.
[14] Vgl. näher dazu Müller-Eisert, Schuld und Haftung im Strafrecht und im Privatrecht, S. 80 ff.

mieden wird, daß die juristische Dogmatik, um diesen Vorgängen gerecht zu werden, eine „neue Fiktion für eine alte" erfindet[15, 16].

Diese Auseinandersetzung um die Frage, ob sich die Erscheinungsformen des modernen Massenverkehrs in die Rechtsgeschäftslehre eingliedern lassen, oder ob neben das Prinzip der rechtsgeschäftlichen Begründung von Verträgen ein neues System von Schuldverhältnissen aus sozialtypischem Verhalten zu setzen ist, erreichte in neuester Zeit wiederum einen Höhepunkt durch die bekannte Parkplatzentscheidung des Bundesgerichtshofs[17], die teils lebhaft begrüßt[18], teils entschieden abgelehnt wurde[19], ohne daß in der Sache im wesentlichen neue Gesichtspunkte vorgetragen wurden[20].

---

[15] Gegen Müller-Eisert wiederum Simitis, S. 149 f, 306 ff, 433 ff, 499 f.

[16] Neustens schlägt Dorn, NJW 1965, 803 (so auch schon in seiner Dissertation, S. 79 ff) für die Entscheidung dieser Fälle eine Lösung außerhalb des Vertragsrechts unter Anwendung der Grundsätze der Geschäftsführung ohne Auftrag vor, da die Daseinsvorsorge „eine Art Menschenhilfe (!) im öffentlichen Recht" sei. Als Beispiel nennt er u. a. den städtischen Verkehrsträger, der für andere, nämlich die jeweiligen Fahrgäste, tätig werde und somit unter den Voraussetzungen der §§ 677 ff BGB handele. Dagegen wiederum Erman, NJW 1965, 421 ff.

[17] BGHZ 21, 319 ff.

[18] Vgl. Larenz DRiZ 1958, S. 245 ff und L 7, S. 33 ff; Esser, L 2, § 10, 6; Raiser, S. 126; Dölle in Verhandlungen des 42. Deutschen Juristentages, Bd. II Teil B, S. 9; Erman, NJW 1965, 421 ff (424); Neymayer, S. 323; Simitis, S. 519 ff; Hammer, a. a. O., S. 1208; Friedrich, a. a. O., S. 490; Ludwig-Cordt-Stech, AVB VII, 9, S. 146 d; Weirauch-Heinze, Vorbem. III vor § 8.

[19] Vgl. Nipperdey, MDR 1957, S. 129 f und bei Enneccerus-Nipperdey, S. 1017; er spricht von einer „zu weitgehenden Durchbrechung unseres Privatrechtssystems";
Lehmann, NJW 1958, 1 ff: die Lehre sei „eine Atombombe zur Zerstörung gesetzestreuen juristischen Denkens"; vgl. auch Enneccerus-Lehmann, § 26 IV;
Blomeyer, MDR 1957, S. 153: die Neuschöpfung stelle eine Gewaltlösung dar, vgl. auch L 3, S. 99;
Westermann bei Erman, Einl. 2 zu §§ 104 ff; Fikentscher, L, S. 53 ff; Flume in Festschrift zum 100jährigen Bestehen des Deutschen Juristentages Bd I, S. 153 ff; ferner in AcP 161, S. 52 ff und in seiner Monographie „Das Rechtsgeschäft", S. 97 ff; Siebert, S. 19 ff; Börner, a. a. O., S. 196 ff, für Leistungsbeziehungen im Energierecht; Hübner, a. a. O., S. 377.

[20] Lediglich von der Sammelbezeichnung „faktische Vertragsverhältnisse", unter der Haupt drei Gruppen von Tatbeständen zusammengefaßt hatte, nämlich die Vertragsverhältnisse kraft sozialen Kontakts — heute allgemein als vorvertragliche Sorgfalts- und Rücksichtspflichten bezeichnet —, die kraft Einordnung in ein Gemeinschaftsverhältnis — im wesentlichen die faktische Gesellschaft, faktisches Arbeits- und Mietverhältnis — und die kraft sozialer Leistungsverpflichtung oder Schuldverhältnisse aus sozialtypischem Verhalten, ist man heute allgemein abgerückt, weil diese Fallgruppen zu heterogen sind, als daß sie sich unter einem einheitlichen rechtssystematischen Gesichtspunkt zusammenfassen und in das Rechtssystem eingliedern ließen; bei der faktischen Gesellschaft z. B. handelt es sich um Abwicklungsprobleme fehlerhaft gegründeter Gemeinschaften, während es bei den Vertragsverhältnissen kraft sozialer Leistungsverpflichtung um das Problem der Begründung dieser Rechtsverhältnisse geht.
Anders aber neuestens wieder Fikentscher, Schuldrecht, S. 53.

So bilden auch heute noch die einzelnen Lehrmeinungen zu dem Problemkreis der faktischen Vertragsverhältnisse ein buntes, sich durchkreuzendes und selbst widerlegendes Gedankengeflecht, ohne daß der einigende Gesichtspunkt trotz ausgiebiger Diskussion gefunden wurde. Trotz dieser „allgemeinen Ratlosigkeit"[21] erscheint es angesichts mehrerer höchstrichterlicher Entscheidungen[22], die zwar bei ungewöhnlich kurzer Begründung auch keine wissenschaftliche Klärung des Problemkreises brachten, wohl aber das sozialtypische Verhalten entsprechend der Lehrmeinung von Larenz als Verpflichtungsgrund anerkannt und somit zu einer richterlichen Rechtsweiterbildung praeter legem zu diesem Fragenkomplex geführt haben, und somit auch für die Rechtsprechung der Instanzgerichte[23] richtungweisend waren, geboten, Einzelfragen, wie die der Stellvertretung beim sozialtypischen Verhalten und die dogmatische Einfügung dieses Instituts in unser Privatrechtssystem zu untersuchen, ohne auch noch zu der Frage der dogmatischen Notwendigkeit dieser Rechtsfortbildung im grundsätzlichen Stellung zu nehmen.

---

[21] Esser, AcP 157, S. 88.
[22] Vgl. die Entscheidungen des V. Zivilsenats in NJW 1956, 1574 (Parkplatzfall) und NJW 1957, 787 (Hofübergabefall) und die Entscheidung des VIII. Zivilsenats in NJW 1957, 627 (Elektrizitätsfall).
Demgegenüber läßt jetzt der VIII. Zivilsenat in seiner jüngsten Entscheidung in NJW 1965, 387 = BB 1965, 64 (Benutzung eines Omnibusbahnhofs durch Omnibusunternehmer) die Frage der Anerkennung der Lehre vom sozialtypischen Verhalten dahingestellt.
[23] So hat sich z. B. auch das OLG Hamburg in BB 1957, 203 im wesentlichen der Entscheidung des Bundesgerichtshofs in BGHZ 21, 319 ff angeschlossen. Vgl. auch die Entscheidung d. LG Lüneburg in: Rechtsbeilage der Elektrizitätswirtschaft 1964, S. 13.

Zweiter Abschnitt

Die Lehre vom sozialtypischen Verhalten

Erstes Kapitel

Darstellung der Lehre vom sozialtypischen Verhalten nach der Rechtsprechung des Bundesgerichtshofs entsprechend der Lehrmeinung Larenz

In seiner grundlegenden Entscheidung, in der der Bundesgerichtshof zum ersten Mal die Lehre vom sozialtypischen Verhalten anerkennt, führt er aus[1]: „Wer während der Bewachungszeiten die besonders kenntlich gemachte Parkfläche zum Parken benutzt, führt schon dadurch, daß er das tut, ein vertragliches Rechtsverhältnis herbei, das ihn zur Bezahlung eines Entgelts entsprechend dem Parkgeldtarif verpflichtet. Auf seine etwaige abweichende innere Einstellung — mag sie auch ... zum Ausdruck gebracht worden sein — kommt es nicht an".

Wie beantwortet sich nun die Frage nach der rechtlichen Konstruktion dieses Rechtsverhältnisses?

Die Akte auf seiten des Unternehmers

Auf seiten des Unternehmers sind zwei verschiedene Handlungen zu unterscheiden. Erstens liegt eine öffentliche Bekanntgabe des Tarifs vor. Diese Bekanntgabe ist eine an die Allgemeinheit gerichtete Erklärung, die bestimmt ist und in diesem Bewußtsein abgegeben wird, bestimmte Rechtsfolgen herbeizuführen. Diese Erklärung soll den Inhalt aller jener Rechtsverhältnisse festlegen, die später zwischen Unternehmer und Benutzer zustande kommen. Sie ist, da alle konstituierenden Merkmale vorliegen, echte Willenserklärung und bildet „einen Bestandteil des Gesamttatbestandes"[2], auf dem die Verpflichtung des Unternehmers zur Gewährung der angebotenen Leistung und die Verpflichtung des Be-

---

[1] BGHZ 21, 319 (335).
[2] Larenz, NJW 1956, 1898.

nutzers zur Zahlung entsprechenden Entgelts nach Inanspruchnahme dieser Leistung beruhen[3].

Den zweiten und für die Erörterung des Problems wesentlichen Teil dieses Gesamttatbestandes auf seiten des Unternehmers bildet das *sozialtypische*[4], *d. h. das tatsächliche Angebot der Leistung.* Für die rechtliche Relevanz dieses Angebots ist es völlig gleichgültig, ob dahinter seitens des Unternehmers eine rechtsgeschäftliche Willenserklärung steht oder nicht[5]. Im allgemeinen wird der Unternehmer seinen Willen, Angebote zu machen, schlüssig, d. h. durch ein Verhalten kundtun, das nach der Verkehrssitte den Schluß auf einen bestimmten Geschäftswillen zuläßt. Allein auf diesen Willen und somit auf das Vorliegen einer Willenserklärung kommt es in diesen Fällen gar nicht an. An die Stelle der Willenserklärung tritt in diesen Fällen das tatsächliche Angebot der öffentlichen Leistung. Larenz[6] sieht also nicht in dem beispielsweise fortwährenden Fahren und Halten der Straßenbahn eine sich immer wiederholende rechtsgeschäftliche Willenserklärung, nämlich ein Vertragsangebot gem. § 145 BGB, sondern ein tatsächliches, sozialtypisches Angebot seitens des Unternehmers, gegen Entgelt alle Benutzer pauschal zu befördern.

Die Akte auf seiten des Benutzers

Diesem tatsächlichen Angebot seitens des Unternehmers entspricht die tatsächliche Inanspruchnahme seitens des Benutzers zu dem Zweck, gegen Tarif und pauschal, wie alle anderen Benutzer auch, an sein Ziel gebracht zu werden. Diese Lehre[7] leugnet, daß bei diesen uniform schematisiert ablaufenden Vorgängen Willenserklärungen abgegeben würden, da der Benutzer weder das Erklärungsbewußtsein habe, mit dem Besteigen der Straßenbahn eine rechtsgeschäftliche Erklärung abzugeben, noch bei dieser Nivellierung des Vorgangs der Wille vorhanden sei, sich rechtsgeschäftlich zu verpflichten. Nivellierung und Typisierung seien die offensichtlichen Kriterien für die Aufhebung des Willensmoments. Wer in die Straßenbahn einsteigt, „wolle nichts erklären und erkläre auch nichts, er wolle nur den tatsächlichen Erfolg, nämlich an sein

---

[3] Sie ist jedoch, entgegen der Auffassung von Spieß (ZAkDR 1942, 340 ff und ZAkDR 1943, 170 ff) kein einseitiges Rechtsgeschäft, da sie für sich allein, ohne die weiteren Akte der Gewährung und der Inanspruchnahme der Leistung noch nicht in der Lage ist, Rechtsfolgen herbeizuführen. Sie ist lediglich ein Teil des Gesamttatbestandes, der erst in Verbindung mit den weiteren Akten den rechtlich gesicherten Erfolg herbeiführt; ihrer rechtlichen Natur nach ist sie jedoch Willenserklärung.

[4] Zur genauen dogmatischen Analyse vgl. unten Abschnitt 3, Kapitel 1, § 2.

[5] Vgl. Larenz, L 7, S. 33; Esser, L 2, § 10, 6.

[6] L 1, S. 27.

[7] Larenz, L 7, S. 33; Esser, AcP 157, 96.

Ziel befördert werden[8]". „Entscheidend ist also auch hier das rein tatsächliche Verhalten des Benutzers, ohne Rücksicht auf seinen Verpflichtungswillen, d. h., ohne Rücksicht darauf, ob die rechtliche Konsequenz seines Handelns gewollt oder gar erklärt war. Es ist die sozialtypische Antwort auf ein sozialtypisch gemachtes Angebot. Das entscheidende Kriterium für die Entstehung dieser Schuldverhältnisse ist ohne Rücksicht auf das Vorliegen einer Willenserklärung in der Verwirklichung dieser sozialtypischen Lebensbeziehung durch tatsächliche Verhaltensweisen zu finden. Angebot und Annahme „stellen ein korrespondierendes Verhalten dar, das nach seiner sozialtypischen Bedeutung die gleichen Rechtsfolgen wie ein rechtsgeschäftliches Handeln hat"[9].

---

[8] Larenz, L 7, S. 35.
[9] So Larenz, L 7, S. 33; vgl. ferner Betti, S. 256.

Zweites Kapitel

Dogmatische Einordnung des sozialtypischen Verhaltens in das System der juristischen Handlungen

Für die Beantwortung der Frage, ob bei diesem sozialtypischen Verhalten eine Vertretung überhaupt möglich und wie sie dogmatisch zu begründen ist, ist entscheidend, wie diese durch den modernen Massenverkehr bedingte Neuschöpfung dogmatisch in das System der juristischen Handlungen einzuordnen ist.

§ 1 Sozialtypisches Verhalten als rechtsgeschäftliches Handeln

Der Versuch Bärmanns[1]

Ausgangspunkt der Überlegungen Bärmanns ist die Erkenntnis, daß im Bereich der Daseinsvorsorge eine weitgehende Umgestaltung des Vertragsbegriffes stattgefunden hat. War die Vorstellung des Gesetzgebers bei der gesetzlichen Ausgestaltung der Lehre vom Rechtsgeschäft und der Willenserklärung auf jene Bereiche des sozialen Lebens ausgerichtet, wo sich freie, unabhängige Individuen gegenüberstanden und sich in völliger Freiheit entschlossen, in vertragliche Beziehungen zu treten und den Inhalt der aus diesen Beziehungen resultierenden Verpflichtungen völlig unabhängig aushandelten[2], so hat im Bereich der Daseinsvorsorge eine völlige Umgestaltung dieses soziologischen Hintergrundes stattgefunden. Aus den Individualgeschäften sind Massengeschäfte geworden, die eine schnelle und zügige und dadurch bedingte uniforme Abwicklung der Vorgänge verlangen, so daß sich Bärmann[3] vor die Frage gestellt sieht, ob diese Vorgänge nicht auch einer eigentümlichen und ihnen gerecht werdenden Ordnung unterstellt werden müssen, nämlich der typisierten Zivilrechtsordnung der Daseinsvorsorge, durch die ihr wirtschaftlicher Zweck unmittelbar berücksichtigt werden kann[4].

Aus dieser Fragestellung heraus kommt Bärmann zu einer gattungsweisen Aufgliederung des Vertragsbegriffes, indem er dem individuellen

---

[1] Typisierte Zivilrechtsordnung der Daseinsvorsorge, Karlsruhe 1948.
[2] Vgl. Raiser, S. 102; Siebert, S. 14; Boehmer, Einführung, S. 271 ff.
[3] a. a. O., S. 15.
[4] a. a. O., S. 89.

— weil individualisierbar vom Recht vorgesehenen — Vertrag den massenförmigen und typengenormten Vertrag der, wie oben[5] ausgeführt, durch „tatsächliche Vorgänge"[6] oder reale Verhaltensweisen zustande kommt, gegenübergestellt. Dieser massenförmige Vertrag ist bestimmt durch Lebensnotwendigkeit, Anonymität, Nicht-Individualisierbarkeit und massenförmige Identität, und er untersteht deshalb, um den Besonderheiten dieser Interessenkonstellation gerecht zu werden, massenförmigen Rechtsregelungen. Zwischen diesen beiden Grundarten von Verträgen, die sich polar gegenüberstehen, steht ein dritter Vertragstypus, nämlich der typisierte Vertrag des täglichen Lebens, für den die örtlichen und zeitlichen Gewohnheiten ausschlaggebend sind.

Die Berechtigung dafür, diese drei Grundarten typischer Verträge, die teils durch Willenserklärungen, teils durch tatsächliche Verhaltensweisen zustande kommen, unter dem gemeinsamen Oberbegriff des Rechtsgeschäfts zusammenfassen zu können, sieht Bärmann in der „Enge der zivilistischen Grundbegriffe, insbesondere der Willenseinigung als Grund und Gesetz des Vertrages". Rechtswissenschaft und Rechtsprechung hätten schon längst mit Hilfe der Begriffe vom konkludenten Handeln, vom verpflichtenden Schweigen, von der stillschweigenden Willenserklärung überhaupt, von der Verkehrsüblichkeit und mit den Mitteln der objektiven Interpretation der Verhaltensweisen den Vertragsschluß weit über den singulären Fall der Willenseinigung hinaus ausgedehnt. Deshalb sei es nur konsequent, den Begriff des Rechtsgeschäfts so zu erweitern, daß er auch für diese Zwecke der massenförmigen Nutzungsverhältnisse, die durch tatsächliche Verhaltensweisen begründet werden, brauchbar und somit auf die erweiterte und ihm zukommende objektiv-rechtliche Basis gestellt würde.

Die Brauchbarkeit der Erweiterung des rechtsdogmatischen Begriffs des Rechtsgeschäfts, bei dem die Willenseinigung zum Sonderfall, zu einem unter anderen Gründen des rechtsgeschäftlichen Vertragsschlusses geworden ist, hängt davon ab, welchen Inhalt er für sich bekommen hat, und wie er jetzt im rechtssystematischen Zusammenhang begriffen werden muß.

Sucht man aus der gattungsweisen Aufgliederung des Vertragsbegriffes, wie Bärmann sie vorschlägt, das Gemeinsame, d. h. den Rechtsgeschäftsbegriff, so müßte man ihn definieren als einen Tatbestand, in dem die Rechtsfolge eintritt, weil sie als gewollt erklärt wurde, eben weil sie Ausdruck des rechtsschöpferischen Willens ist, oder indem sie eintritt ohne Rücksicht auf den Willen, der Eintritt der Rechtsfolge jedoch nach

---

[5] Abschnitt 2, Kapitel 1.
[6] a. a. O., S. 30 und 92.

allgemeiner Rechtsüberzeugung als gerechtfertigt erscheint. Eine solche Definition enthielte jedoch nichts Gemeinsames, sondern bestünde gerade aus einer Antinomie: Rechtsfolgeneintritt auf Grund des Willens und Rechtsfolgeneintritt gegen den Willen auf Grund allgemeiner Rechtsüberzeugung. Mit dieser Antinomie ist aber die Begriffsbildung ad absurdum geführt, sie ist nicht nur sinnlos geworden, sondern zwingt geradezu zu einer Begriffsdifferenzierung, was Bärmann wohl gespürt hat, indem er die Aufgliederung des Rechtsgeschäftsbegriffes in drei Gruppen versuchte und das soziologische und rechtliche Charakteristikum gerade dieser einzelnen Gruppen herausarbeitete, ohne sich um das Gemeinsame dieses von ihm aufgestellten Rechtsgeschäftsbegriffs zu bemühen.

Ist die Erweiterung des Rechtsgeschäftsbegriffs wegen der verschiedenartigen Inhalte schon unbrauchbar, so kann dieser erweiterte Begriff auch nicht sinnvoll im rechtssystematischen Zusammenhang begriffen werden. Auf Rechtsgeschäfte werden, wenn auch in Einzelfällen modifiziert, generell rechtsgeschäftliche Regeln angewandt, also die §§ 104 ff und 116 ff BGB. Denn in der gemeinsamen Behandlung des rechtlich Gemeinsamen findet die Begriffs- und Systembildung ihre Rechtfertigung. Da Bärmann aber auf die letzte Gruppe seiner Vertragsgattungen, den massenförmigen Vertrag, der durch tatsächliche Verhaltensweisen zustande kommt, die Vorschriften über Geschäftsfähigkeit, Dissens, Nichtigkeits- und Anfechtungsgründe[7] nicht anwenden will, ist er somit gezwungen, den gemeinsamen Begriff des Rechtsgeschäfts in einen verschiedenartigen rechtssystematischen Zusammenhang zu stellen, so daß auch hier die Totalität des Begriffs des Rechtsgeschäfts wieder zerbrochen werden muß, um der durch die soziale Struktur der Zeit bedingten Verschiedenartigkeit der in diesem Begriff eingefangenen Interessen und ihrer notwendigerweise auch andersartigen Wertung gerecht zu werden. Eine so starke Abstraktion, die die heterogensten Tatbestände in einen gemeinsamen Begriff zu vereinigen sucht, führt zu einer Sinnlosigkeit derartiger Begriffsbildung[8] und zwingt zur Differenzierung, d. h. Schaffen neuer, differenzierter Begriffe, bei Verlassen des alten Oberbegriffs. Gerade diesen Weg ist Bärmann mit seiner gattungsweisen Aufgliederung des Vertragsbegriffes, die in sich gerechtfertigt erscheint, wiederum gegangen, indem er die verschiedenen Gruppen einer jeweils eigenen Ordnung unterstellt, um der Andersartigkeit des wirtschaftlichen Zwecks und somit der Andersartigkeit der jeweils kollidierenden Interessen in sinnvoller Weise gerecht werden zu können; die schuldrechtliche Wirkung, die Leistungsverpflichtung, ist bei all diesen Gruppen die gleiche, nur handelt es sich in dem einen Fall um eine Willenswirkung,

---

[7] a. a. O., S. 29 u. 92.
[8] Vgl. Larenz, Methodenlehre, S. 189.

im anderen Fall um eine *Gesetzeswirkung*[9], *die deshalb zu einer verschiedenartigen Behandlung* und somit zu einer verschiedenartigen rechtssystematischen Eingliederung dieser Tatbestände zwingt[10, 11].

Der Versuch Bettis[12]

Einen anderen Versuch, den Vorgang des sozialtypischen Verhaltens, also des faktischen Zustandekommens von Rechtsverhältnissen, unter den rechtsdogmatischen Begriff des Rechtsgeschäfts zu fassen, unternimmt Betti[13].

Er[14] geht von der Überlegung aus, daß die Verkehrsteilnehmer, wenn man sich ihr Verhalten auf seine sozialtypische Schlüssigkeit hin ansieht, rechtlich nicht gezwungen sind, die Einrichtungen der Daseinsvorsorge zu benutzen und sich somit in bestimmter Weise zu verhalten. Ein Verzicht auf die Benutzung der Einrichtungen der Daseinsvorsorge könne zwar in tatsächlicher Hinsicht Unannehmlichkeiten und Nachteile nach sich ziehen, das hindere aber nichts an der Erkenntnis, daß der Benutzer rechtlich frei entscheiden könne, ob er Gebrauch machen wolle oder nicht. Nur eines sei ihm verwehrt: mache er von der Beförderungsmöglichkeit Gebrauch, dann könne er die rechtliche Konsequenz dieses Verhaltens — Entstehen eines Beförderungsverhältnisses — nicht von sich weisen, weil diese rechtliche Konsequenz nach allgemeiner Verkehrsauffassung, unabhängig von seinem Willen, unzweifelhaft damit verbunden sei. Da das tatsächliche Gebrauchmachen aber von seinem freien Willensentschluß abhänge, sei es „eine Betätigung der Privatautonomie, die von der Rechtsordnung genehmigt und geschützt wird, also ein rechtsgeschäftliches Handeln"[15].

In diesem Gedankengang, in dem die Eingliederung des sozialtypischen Verhaltens unter dem Begriff des Rechtsgeschäfts versucht wird, sind zwei entscheidende Aussagen enthalten, die auf ihre Brauchbarkeit hin zu untersuchen sind.

---

[9] Vgl. dazu im einzelnen unten Abschnitt 3, Kapitel 1, § 2.

[10] Die Unbrauchbarkeit des Einordnungsversuchs von Bärmann ergibt sich also aus rechtsdogmatischen Gesichtspunkten und nicht aus der Unvereinbarkeit mit dem geschichtlich gewachsenen „willensgetragenen" Vertragsbegriff (so allerdings Fikentscher, L, S. 54), denn dieser willensgetragene Vertragsbegriff müßte sich eine Fortentwicklung gefallen lassen, wenn es aus rechtsdogmatischen Gesichtspunkten geboten erscheint.

[11] Dagegen auch Lehmann, NJW 1958, 4; Larenz, NJW 1956, 1899 und DRiZ 1958, S. 248; vgl. ferner Simitis, S. 503 f und Betti, S. 265.

[12] Über sogenannte faktische Vertragsverhältnisse. Berlin-Tübingen-Frankfurt/M. 1956.

[13] a. a. O.

[14] a. a. O., S. 265.

[15] a. a. O., S. 265; vgl. auch S. 256.

Erstens wird der Begriff der Privatautonomie neu gefaßt. Verstand man bislang allgemein unter Privatautonomie die freie und beliebige Gestaltung der privaten Lebensverhältnisse der Rechtsgenossen zueinander, und zwar in der Weise, daß der Einzelne Tatbestand und Rechtsfolge kraft autonomer Entscheidung[16] zu setzen in der Lage ist, der Eintritt der Rechtsfolge ist abhängig von dem Parteiwillen, die Rechtsfolge tritt ein, um die herrschende und gebräuchliche Formulierung zu gebrauchen, weil sie gewollt ist[17], so versteht Betti[18] jetzt unter Privatautonomie die Freiheit, nicht mehr Tatbestand und Rechtsfolge, sondern nur noch den Tatbestand zu setzen.

Ob die Erweiterung des Begriffs der Privatautonomie in diesem dargelegten Sinne zutreffend ist, kann im Rahmen dieser Arbeit nicht untersucht werden. Nur auf folgendes sei hingewiesen: die Freiheit, den Tatbestand zu setzen, besteht bei Abschluß des Kaufvertrages und bei der Testamentserrichtung, aber auch bei der Verarbeitung i. S. von § 950 BGB und beim Fund i. S. von § 965 BGB, es besteht sogar die Freiheit, den Tatbestand, und zwar den Unrechtstatbestand, i. S. von § 823 BGB, zu setzen; nur bei den letzten beiden Gruppen ist der Eintritt der Rechtsfolge nicht mehr Ausfluß autonomer Willensentscheidung, sondern die Legalwirkung wird kraft Anordnung der Rechtsordnung unmittelbar an den normierten Tatbestand geknüpft; ob aber diese zwingenden, der Parteidisposition nicht unterworfenen Rechtssätze noch als Mittel autonomer Rechtsgestaltung bezeichnet werden können, erscheint sehr fraglich.

Das Mißverständnis Bettis beruht nun darauf, daß er bei dieser einseitigen und eigenwilligen Erweiterung des Begriffs der Privatautonomie mit seiner zweiten Aussage wiederum die herkömmliche Formulierung der herrschenden Lehre, die er bei seiner ersten Aussage verlassen hat, übernimmt, nämlich Mittel zur Verwirklichung der Privatautonomie sei das Rechtsgeschäft. „In dem Verhalten der Verkehrsteilnehmer (steckt) ... eine Betätigung der Privatautonomie, ... also ein rechtsgeschäftliches Handeln[19]". Betti übersieht, daß die herkömmliche Lehre die Privatautonomie als Abhängigkeit des Tatbestandes und der Rechtsfolge von der autonomen Willensentscheidung des einzelnen auffaßt, und da diese gleichen Kriterien im Begriff des Rechtsgeschäfts enthalten sind, formulieren kann, sich im Sinne der Rechtsordnung privatautonom zu

---

[16] Zweck der Privatautonomie sei „die Anerkennung des freien Willensentschlusses als Persönlichkeitswert und als Mittel zur Entfaltung der Persönlichkeit". Westermann bei Erman, Einl. 2 vor §§ 104 ff; vgl. im einzelnen Hippel, Das Problem der rechtsgeschäftlichen Privatautonomie, Tübingen 1936.
[17] Vgl. statt aller: Staudinger-Coing, Einl. 2 vor §§ 104 ff BGB.
[18] a. a. O., S. 265; und sich ihm anschließend Larenz, L 7, S. 35; NJW 1956, S. 1899; DRiZ 1958, S. 248.
[19] a. a. O., S. 265 u. S. 255.

verhalten, bedeutet, rechtsgeschäftlich zu handeln. Da Betti diese herkömmliche Gleichsetzung bei gleichzeitiger Erweiterung des Begriffs der Privatautonomie übernimmt, erweitert er gleichzeitig den Begriff des Rechtsgeschäfts so, daß in ihm sowohl die Tatbestände der §§ 433 und 1937, aber auch die der §§ 950 und 965 BGB enthalten sind. Folgerichtig formuliert er deshalb den Begriff des Rechtsgeschäfts als „eine Maßnahme der Interessenregelung, die entweder von beiden (Vertrag) oder von einem Interessenträger (einseitiges Rechtsgeschäft) getroffen wird, und die vom Standpunkt der Gemeinschaft aus gesehen als eine zweckmäßige typische Maßnahme der Güterverteilung bzw. Gütererzeugung im Rahmen des Zusammenlebens bewertet wird"[20].

Untersucht man an Hand dieser Gedankengänge und dieser Definition beispielsweise den Tatbestand des § 950 BGB, so stellt er sich dar als „eine Maßnahme der Interessenregelung, die von einem Interessenträger getroffen wird und die ... als eine zweckmäßige typische Maßnahme der ... ‚Gütererzeugung' im Rahmen des Zusammenlebens bewertet wird", also konsequenterweise, da der Tatbestand rückführbar ist auf den freien Willensentschluß des die Sache Verarbeitenden, als ein rechtsgeschäftliches Handeln. Betti muß also zu dem Ergebnis kommen, daß die Verarbeitung i. S. von § 950 BGB ein einseitiges Rechtsgeschäft ist. Das gleiche ließe sich an Hand von § 965 BGB nachweisen. Damit wäre aber die saubere rechtssystematische Trennung von Rechtsgeschäft und Realakt über Bord geworfen, um die sich die Rechtswissenschaft[21] seit Jahren bemüht, nicht um eines unfruchtbaren Begriffssubjektivismus willen, sondern um Kategorien und Normen zu schaffen, die wegen ihrer Gleichartigkeit bzw. Verschiedenartigkeit eine gleichartige bzw. verschiedenartige Behandlung erfordern, also letzten Endes um eines der gesetzlichen Wertung gerecht werdenden „Zweckbegriffes" willen.

Die Erweiterung des Rechtsgeschäftsbegriffs auf diese nur objektivrechtliche Basis erweist sich aber nicht nur in dieser Hinsicht als unbrauchbar, auch die einheitliche Behandlung des Problems der Geschäftsfähigkeit ist Betti[22] ebenso versagt wie die einheitliche Lösung der Irrtumsanfechtung. Darüber hinaus ist auch keine befriedigende Abgrenzung der juristischen Handlungen von den rechtlich bedeutungslosen möglich. Ein sogenanntes gentleman-agreement ist zwar eine „Maßnahme der Interessenregelung", die auch „als zweckmäßige, typische

---

[20] Betti, a. a. O., S. 266.
[21] Vgl. z. B. Manigk, Das rechtswirksame Verhalten; und neuestens Flume, Das Rechtsgeschäft.
[22] a. a. O., S. 266 ff. Unter ähnlich unterschiedlichen Gesichtspunkten, wie bei der Frage nach dem Erfordernis der Geschäftsfähigkeit, ist die Frage zu beantworten, ob und in welchem Umfange eine Berufung auf einen Irrtum beim Eintritt in die faktische Vertragsbeziehung beachtlich sein soll.

Maßnahme bewertet wird", knüpft aber kein rechtliches Band zwischen den beiden Interessenträgern.

So ist auch Bettis Versuch, die „doktrinäre Denkform einer auf die rechtlichen Wirkungen abzielenden Willenserklärung[23]" aufzugeben und einen lebensnäheren Begriff des Rechtsgeschäfts zu bilden, der auch die verobjektivierten Tatbestände mitumfaßt, wegen der rechtssystematischen Unbrauchbarkeit, da er die heterogensten Tatbestände und somit die verschiedenartigsten Interessennormen — z. B. §§ 433 u. 950 BGB — in sich vereinigt, als „Rückschritt der Dogmatik[24]" zu bezeichnen.

In den tatsächlichen Verhaltensweisen muß man ein aliud sehen, das in den Begriff des Rechtsgeschäfts nicht einzugliedern ist[25], will man nicht, um ein Wort von Esser[26] zu gebrauchen, der „Entwicklung eines dogmatischen Nihilismus" das Wort reden.

§ 2 Sozialtypisches Verhalten als reales Verhalten oder zweiseitiger Realakt

Legt man die ganz überwiegend anerkannte[27] Aufteilung des Systems der juristischen Handlungen in rechtswidrige und rechtmäßige zugrunde, wobei sich die rechtmäßigen Handlungen aufteilen in Rechtsgeschäfte, geschäftsähnliche Handlungen und Realakte, so ist zu untersuchen, ob das sozialtypische Verhalten, das dogmatisch als rechtsgeschäftliches Handeln nicht zu fassen war, als Realakt angesprochen werden kann.

Das entscheidende Kriterium der Realakte liegt in ihrem Unterschied zum Rechtsgeschäft begründet, der Begriff wird zunächst durch eine Negation gewonnen: die Rechtsfolge tritt ein, nicht weil sie gewollt ist, sondern ohne Rücksicht auf den Willen. Dieses erste Charakteristikum, die Bedeutungslosigkeit des Willens für den Eintritt der Rechtsfolge, ist aber auch entscheidend beim sozialtypischen Verhalten: das Verpflichtungsverhältnis im Bereich der Daseinsvorsorge wird durch die Verwirklichung tatsächlicher Verhaltensweisen ohne Rücksicht auf den zugrunde liegenden Willen, begründet.

Das positive, einheitliche Kriterium der Realakte ist die Bewirkung eines tatsächlichen, gesetzlich normierten Erfolges, an den die Rechts-

---

[23] a. a. O., S. 266.
[24] So Larenz, NJW 1956, 1899, der zwar auch im sozialtypischen Verhalten ein Handeln im Rahmen der Privatautonomie sieht, aber die Gleichsetzung des erweiterten Begriffs der Privatautonomie mit dem des Rechtsgeschäfts vermeidet.
[25] So auch Lehmann, NJW 1958, 4; Haupt, S. 29.
[26] In AcP 157, 86.
[27] Vgl. im Anschluß an Manigk, JherJhb 83, S. 6 heute z. B. Lehmann, AT, S. 121 und Erman-Westermann, Einl. 1 vor §§ 104 ff.

ordnung kraft Rechtsvorschrift die Legalwirkung knüpft[28]. In den Fällen der Rechtsverhältnisse aus sozialtypischem Verhalten liegt die Bewirkung des tatsächlichen, zunächst außerrechtlichen Erfolges in dem tatsächlichen Darbieten einer Leistung der Daseinsvorsorge und in der sich anschließenden tatsächlichen Inanspruchnahme seitens des Benutzers. Die Erfüllung dieses äußeren Tatbestandes ohne Rücksicht auf den Willen des Handelnden ist Anknüpfungspunkt für die rechtliche Regelung und ruft „kraft allgemeiner Rechtsüberzeugung[29]" die Rechtsfolge, Entstehen eines Rechtsverhältnisses, hervor. Liegt das entscheidende Merkmal und die innere Berechtigung für diese Systembildung — Rechtsgeschäft und Realakt — in der Bedeutung des Willens für den Eintritt der Rechtsfolge, so kann man das sozialtypische Verhalten als Realakt klassifizieren, weil darin schon eine bestimmte Vorauswahl des Rechtswesentlichen — nämlich Unbeachtlichkeit des rechtsgeschäftlichen Willens — zum Ausdruck gebracht wird, und man braucht es nicht als Rechtshandlung sui generis[30] anzusprechen, da mit dieser dogmatischen Einordnung für die Stellung des sozialtypischen Verhaltens im rechtssystematischen Zusammenhang überhaupt nichts ausgesagt wird. Sieht man in diesen Vorgängen jedoch Realakte, so ergibt sich, daß beispielsweise eine Anfechtung mit der Begründung, dem Handelnden habe der Wille gefehlt, sich der sozialtypischen Bedeutung seines Verhaltens gemäß zu verpflichten, nicht möglich ist, weil dieser Wille, legt man die Wertung der Rechtsordnung zugrunde, eben nicht mehr von Bedeutung ist[31].

Ein Unterschied des sozialtypischen Verhaltens zum Realakt muß jedoch noch, da er wesentlich ist, beachtet werden. Beim Realakt im herkömmlichen Sinn wird durch eine einzelne menschliche Handlung, kraft Anordnung der Rechtsordnung, die ex-lege-Wirkung hervorgerufen. Das tatsächliche Darbieten der Leistung seitens des Unternehmers ruft für sich allein jedoch noch keine Rechtswirkung hervor. Ebenso ist die tatsächliche Inanspruchnahme seitens des Benutzers, für sich allein gesehen, rechtlich bedeutungslos. Erst durch die Korrespondenz, dem übereinstimmenden Zusammenwirken dieser beiden Verhaltensweisen, tritt

---

[28] Vgl. statt aller Staudinger-Coing, Einl. 3a vor §§ 104 ff.
[29] So Larenz, L 7, S. 35. Raiser, S. 126, spricht von einer die Rechtsfolgen des Verhaltens „normierenden Verkehrssitte". Vgl. dazu im einzelnen unten Abschnitt 3, Kapitel 1, § 2 dieser Arbeit.
[30] So Soergel-Seydel, Vorbem. 6 vor §§ 104 ff.
[31] So alle Anhänger der Lehre vom sozialtypischen Verhalten. Vgl. statt aller Larenz, L 7, S. 33. In Verbindung mit den Wertvorstellungen, die anderen gesetzlichen Instituten — auf Grund der Thematik dieser Arbeit wird hauptsächlich das Recht der Stellvertretung von Bedeutung sein — zugrunde liegen, sind durch diese Einordnung des sozialtypischen Verhaltens in das System der Realakte die ersten konstitutiven Elemente für die Beantwortung weiterer Fragen gesetzt.

kraft allgemeiner Rechtsüberzeugung die Rechtswirkung, Entstehen eines Schuldverhältnisses, ein. Durch das konstituierende Merkmal der Sinnbezogenheit der beiden Verhaltensweisen gleicht die objektive Basis äußerlich einem Vertrag, da aber das rechtsgeschäftliche Willensmoment bedeutungslos ist, dem inneren System und der entscheidenden Wertung der Rechtsordnung nach einem Realakt.

Als positives subjektives Moment ist dabei im Gegensatz zu der Auffassung Haupts[32] die wissentliche und „willentliche" Inanspruchnahme der Leistung erforderlich. Wird jemand des Nachts auf einem Parkplatz in seinem Wagen überfallen und ausgeraubt und gefesselt in seinem Wagen zurückgelassen, so daß er mit unwiderstehlicher Gewalt zum „Parken" verurteilt ist, so sind mangels des subjektiven Moments die konstitutiven Elemente dieses Realaktes nicht erfüllt. Wie bei allen juristischen Handlungen, (Aneignung, Fund) ist auch beim sozialtypischen Verhalten ein Wille erforderlich. Dieser Wille ist aber kein rechtsgeschäftlicher Erfolgswille, die Rechtsfolge tritt mithin nicht kraft der Willensautonomie ein, sondern ex lege[33]. Der tatsächliche Erfolg bedingt, unabhängig vom Willen, den Rechtserfolg.

Um diesem Novum im System der Realakte, der Notwendigkeit übereinstimmender Verhaltensweisen für den Eintritt der Rechtsfolge, dogmatisch gerecht zu werden, mag man für diese Vorgänge im Wege der Rechtsfortbildung den Terminus „Realverhalten" oder „zweiseitiger Realakt" wählen, so daß sich das System der Realakte gliedert in einseitige Realakte — Realakte im herkömmlichen Sinn — und zweiseitige Realakte, die dogmatisch eine Analyse der Schuldverhältnisse aus sozialtypischem Verhalten geben[34].

Die Frage nach der Eingliederung dieser Rechtsverhältnisse in das Schuldrechtssystem ist somit dahin zu beantworten, daß es sich, da der rechtsgeschäftliche Wille bedeutungslos ist, nicht um ein Schuldverhältnis aus Vertrag, sondern um ein Schuldverhältnis kraft Anordnung der Rechtsordnung, also um ein gesetzliches Schuldverhältnis handelt, das nur für den Fall gilt, daß eine rechtsgeschäftliche Vereinbarung überhaupt nicht getroffen wird[35].

---

[32] a. a. O., S. 28: „Die Wirklichkeit ordnet darüber hinaus vielfach die Partner durch den Sachverhalt, durch das Leben, ihren Beruf, ihre Tätigkeit einander zu, mögen sie ‚wollen' oder nicht."

[33] Vgl. dazu im einzelnen unten Abschnitt 3 § 2 dieser Arbeit.

[34] Danckelmann bei Palandt, Einl. 3e vor §§ 104 ff, spricht sie als Realakte an, ohne den Unterschied zu den Realakten im herkömmlichen Sinn hervorzuheben.

[35] Genauso wie die gesetzliche Erbfolge oder das gesetzliche eheliche Güterrecht nur gilt, wenn eine abweichende Parteivereinbarung überhaupt nicht vorliegt.

Dritter Abschnitt

Stellvertretung im Bereich der Daseinsvorsorge

Für die Untersuchung dieses Problemkreises soll der vom Bundesgerichtshof entschiedene sogenannte Parkplatzfall[1], verschiedenartig variiert, die Grundlage bilden. Ziel der Untersuchung wird es dabei sein, da die in Betracht kommenden Fälle sehr vielgestaltig sind, festzustellen, ob für die Lösung dieses Problemkreises eine einheitliche dogmatische Grundlage gefunden werden kann, und wie sie beschaffen ist, oder ob es nur möglich ist, Gruppengebilde herauszuarbeiten und lediglich diese einzelnen Gruppengebilde auf eine einheitliche dogmatische Grundlage zu stellen.

Erstes Kapitel

Fremdwirkung ohne Abgabe einer ausdrücklichen Willenserklärung im Bereich der Daseinsvorsorge
Stellvertretung beim sozialtypischen Verhalten

Gegenstand der Untersuchung in diesem Kapitel soll die im Bereich der Daseinsvorsorge wohl häufigste Erscheinungsform des Handelns für andere bilden: Die Stellvertretung ohne Abgabe einer Willenserklärung, also die Stellvertretung beim sozialtypischen Verhalten. Ausgangspunkt der Untersuchung soll der Parkplatzfall in abgewandelter Form sein. Der Fahrer eines Speditionsunternehmens fährt seinen Firmenwagen, ohne irgendwelche Erklärungen abzugeben, während einer Dienstfahrt auf einen gebührenpflichtigen Parkplatz, um ihn dort während einer Fahrtunterbrechung sicher zu parken. Nach der Rechtsprechung des Bundesgerichtshofs und der Lehre vom sozialtypischen Verhalten[2] kommt in diesem Fall das Verpflichtungsverhältnis kraft sozialtypischen

---

[1] Vgl. BGHZ 21, 319 ff.
[2] In diesem Fall gibt es unter den Anhängern der Lehre vom sozialtypischen Verhalten keinerlei Meinungsverschiedenheiten; vgl. statt aller: Larenz, DRiZ 1958, S. 246.

Verhaltens zustande. Aufgabe der Arbeit wird es jetzt sein zu untersuchen, wer aus diesem Rechtsverhältnis berechtigt und verpflichtet wird: Ist es der Fahrer des Wagens oder ist es die Speditionsfirma? In diesem Zusammenhang können u. a. folgende Fragen praktische Bedeutung erlangen: Wer ist aus diesem Rechtsverhältnis verpflichtet, die Parkgebühr zu zahlen; wer ist in einem später entstehenden Rechtsstreit Partei; oder: der Fahrer des Speditionswagens wird durch Unaufmerksamkeit des Parkwächters, der einen anderen Wagen zu früh in eine Parklücke einweist, von diesem Wagen angefahren: kann er Schadenersatzansprüche aus Vertrag geltend machen, und wie sind diese rechtlich zu begründen[3]?

Oben[4] war die Einordnung des sozialtypischen Verhaltens in das System der Realakte — im Wege der Rechtsfortbildung war der Terminus zweiseitiger Realakt geprägt worden — aus der begrifflichen Fragestellung heraus zu einer solchen der Normenanwendung erhoben worden. Da ein Handeln für andere in mancherlei Erscheinungsformen möglich ist — es kann auf der rechtsgeschäftlichen Ebene der §§ 164 ff BGB ebenso liegen wie auf der tatsächlichen, etwa des § 855 BGB[5] — wird es Aufgabe der nachfolgenden Untersuchung sein festzustellen, ob und gegebenenfalls welche Normengruppen der verschiedenartigen Zurechnungssysteme des Handelns für andere auf das Rechtsinstitut des sozialtypischen Verhaltens anwendbar sind[6].

Da auf Grund der Abstraktionsmethode des BGB das Institut der rechtsgeschäftlichen Stellvertretung der §§ 164 ff als allgemeine Erscheinung „vor der Klammer" geregelt ist, soll mit der Prüfung der Frage begonnen werden, ob die gesetzgeberischen Wertmaßstäbe der rechtsgeschäftlichen Stellvertretung der §§ 164 ff BGB bei dem zweiseitigen Realakt des sozialtypischen Verhaltens in einer eine analoge Anwendung rechtfertigenden Weise wiederzufinden sind. Um diese Frage beantwor-

---

[3] Ist der Fahrer selbst Subjekt dieses Rechtsverhältnisses, wäre ein Anspruch aus positiver Vertragsverletzung zu prüfen; wäre die Firma Subjekt, käme allenfalls ein Anspruch im Rahmen des sog. „Vertrages mit Schutzwirkung für Dritte" in Betracht. Dabei wäre dann genau zu untersuchen, ob der Fahrer des Wagens in den Schutzbereich des Parkvertrages mit einzubeziehen ist.

[4] 2. Abschnitt Kapitel 2 § 2 dieser Arbeit.

[5] Vgl. Westermann, JuS 1961, S. 80: „Das Gesetz kennt nicht die systematische Zusammenfassung der Einzelfälle des Handelns für andere zu einem System, für das allgemeine Vorschriften gelten würden."

[6] Auf die — müßige — Frage, die manche Autoren (vgl. die Ausführungen bei Keith, a. a. O., S. 11 ff, besonders aber auch S. 22) beschäftigt hat, ob in diesen verschiedenartigen Fällen noch der einheitliche Terminus „Stellvertretung" gerechtfertigt sei, oder ob man nicht besser in der Begriffsbildung differenzieren sollte (Vertretung bei Rechtsgeschäften: Stellvertretung — Vertretung beim tatsächlichen Handeln: Gehilfenschaft) wird hier nicht eingegangen, da dies eine rein terminologische Streitfrage ist, die das Problem der Frage nach der Möglichkeit der Anwendung bestimmter Normengruppen einer Lösung nicht näherführt.

ten zu können, ist es zunächst erforderlich, Klarheit über das Wesen der Rechtsfigur der gewillkürten Stellvertretung und ihre Einordnung in die allgemeinen Zusammenhänge der Rechtsordnung im Hinblick und beschränkt auf die hier interessierende Fragestellung zu gewinnen[7].

§ 1 Dogmatik der rechtsgeschäftlichen Stellvertretung der §§ 164 ff BGB

Die wissenschaftlichen Auseinandersetzungen um die Dogmatik des Stellvertretungsrechts sind alt und auf mancherlei Fragen gerichtet. Die Lösung unseres Problems, inwieweit die §§ 164 ff BGB auf das sozialtypische Verhalten anwendbar sind, hängt entscheidend ab von der Beantwortung der Kardinalfrage, „ob und wie läßt sich in einem System des Privatrechts, also in dem Gebiet der Selbstbestimmung der Rechtsverhältnisse durch private Rechtsbetätigung, der Gedanke der Vertretung, also die Gestaltung von Lebensverhältnissen durch einen anderen, verwirklichen"[8].

Die Möglichkeit und Zulässigkeit der direkten Stellvertretung, die in einer entwickelten, durch Arbeitsteilung gekennzeichneten Wirtschaftsstruktur unentbehrlich ist[9], zu erklären, sind bekanntlich verschiedenartige Lösungsversuche unternommen worden.

Nach Savigny[10] ist der „juristisch Handelnde" der Vertretene. Nicht der Vertreter ist es, der dem Gegenkontrahenten seinen eigenen Willen erklärt, sondern der Vertretene erklärt durch das Mittel des Vertreters dem Vertragspartner seinen Willen. Der Wille des Vertreters ist also für die Begründung des Verpflichtungsverhältnisses völlig irrelevant, der Vertretene ist Werkzeug, Organ des Vertretenen, dessen Wille allein das Geschäft beherrscht[11].

---

[7] Noch im vergangenen Jahrhundert wurde die Zulässigkeit einer „Vertretung im Willen" vielfach abgelehnt. So lehrte Puchta, a. a. O., S. 391: „Daß der Vertragschließende nicht Subjekt der kontrahierenden Obligatio werde, sondern unmittelbar durch ihn ein anderer, ist gegen das Wesen dieses Rechtsverhältnisses, bei welchem die Subjekte so wesentlich zum Inhalt gehören, daß eine Veränderung derselben die Obligatio selbst zu einer anderen macht (begründet). Der Grundsatz, daß die Obligatio in dem Handelnden selbst ihren Anfang nehmen muß, ist so wenig als die Unstatthaftigkeit einer Singularzession in Obligationen eine Singularität des römischen Rechts, sondern in dem Wesen der Obligation begründet."

[8] Müller-Freienfels, Vertretung, S. 8.

[9] Vgl. zu den soziologischen Grundlagen und Notwendigkeiten Max Weber, Wirtschaft und Gesellschaft, 3. Aufl. 1947, Kapt. I, § 11. Müller-Freienfels, S. 53: Die Stellvertretung dient „der Arbeitsteilung im Prozeß der Rechtsentstehung und Rechtsausübung".

[10] Obl.R II § 57.

[11] Obl.R II § 57, S. 59: „Denn mein auf mannichfaltige Entschlüsse gerichteter Wille, zwischen welchen der Stellvertreter die Wahl haben soll, ist ja noch

Für diese Meinung hat Savigny — bis in die jüngste Zeit hinein[12] — manchen Anhänger gefunden[13, 14]. So lehrt Hellmann[15]: „Die Handlung des Stellvertreters ist nichts als das Mittel, wodurch die juristische Handlung des Prinzipals Dritten gegenüber hergestellt wird. ... Was der Stellvertreter tuth, ist für ihn selbst etwas völlig Unjuristisches". Und an anderer Stelle[16]: „Der Stellvertreter, verglichen mit dem Boten, ist ein Willensäußerungsorgan höherer Art". Andere Autoren wären noch als Anhänger dieser sogenannten Geschäftsherrntheorie anzuführen[17].

---

immer mein Wille, und der Stellvertreter selbst erscheint in all diesen Fällen, der anderen Partei gegenüber als der bloße Träger meines Willens." Folgerichtig leugnet Savigny (a. a. O.) auch den Unterschied zwischen Stellvertreter und Boten: „Es ist gleichgültig, ob der Stellvertreter der anderen Partei meinen einfachen Entschluß überbringt, oder vielmehr einen unter mehreren, von mir gefaßten Entschlüssen, nach seiner eigenen freien Auswahl. Es ist also gleichgültig, ob der Stellvertreter in dem Geschäft mehr oder weniger selbstthätig erscheint. Eine scharfe Gränze zwischen diesen höchst mannichfaltigen Fällen zu ziehen, ist ganz unmöglich und es ist auch kein innerer Grund für den Einfluß einer solchen Gränze vorhanden."

[12] Vgl. unten S. 32 Note 17 dieser Arbeit.

[13] Vgl. statt vieler Scheurl, S. 336 f: „Das heutige Recht behandelt (den Vertreter) als bloßes Organ der von ihm vertretenen Partei, und geht davon aus, daß diese selbst durch ihn den Proceß führe."

[14] Seiner Auffassung, seine Lehre stehe in vollem Einklang mit dem Recht Justinians, die Savigny aus der Digestenstelle D. 41, 1, 55 zieht (Ea quae civiliter adquiruntur per eos, qui in potestate nostra sunt, adquirimus, veluti stipulationem: quod naturaliter adquiritur, sicuti est possessio, per quemlibet volentibus nobis possidere adquirimus."), wurde allerdings nicht gefolgt. Vgl. dazu auch Boehmer, Grundlagen der bürgerlichen Rechtsordnung, 2. Buch 1. Abt., S. 71 ff.

[15] a. a. O., S. 15/16.

[16] a. a. O., S. 21.

[17] Vgl. v. Canstein, a. a. O., S. 676: „Der Stellvertreter will also nicht statt des Vertretenen, sondern präzisirt nur einen allgemein erklärten Willen, er vertritt ihn nicht im Willensakte, sondern in der Willensbestimmung. Ein Wille ist nämlich nicht mehr nothwendig, da der — wenn auch bedingt und allgemein erklärte — Wille des Vertretenen vorhanden ist; es ist aber der Abschluß des Rechtsgeschäfts in das Ermessen des Stellvertreters gestellt und davon abhängig, daß er das betreffende Geschäft für gut befinde."
Ruhstrat, a. a. O., S. 349 stellt, um die Geschäftsherrntheorie in dogmatischer Hinsicht zu halten, die Behauptung auf, der Wille des Geschäftsherrn sei gleichzeitig auch der Wille des Vertreters; denn der Vertreter sei „in dem Moment, wo er als Repräsentant handelt, nur (der) Prinzipal, denn nur dessen Wille ist es, was ihn zur Bewegung bringt, nicht aber sein eigener Wille, der dabei nur insofern in Betracht kommt, als eben der Prinzipal von vornherein erklärt hat, daß der Wille des Repräsentanten als sein Wille gelten und aufgefaßt werden soll". M. E. vertritt auch Siebenhaar, AcP 162, 354 ff im Ergebnis die Geschäftsherrntheorie, wenn auch in modifizierter Form. Nach seiner Auffassung handelt es sich bei der Vertretung immer nur um eine Person. Diese Person ist individuell zu kennzeichnen. Bei Abschluß eines Rechtsgeschäfts ist es die Person, die als Willensträgerin individualisiert ist; beim Vertretungstatbestand kennzeichnet er die Bevollmächtigung als „Einwilligung zur Manifestierung des Vollmachtgebers als der wollenden Person, ... sie ist damit Tatbestandsmerkmal des Rechtsgeschäfts". Die Vertretung ist dann „Äußerung eines Willens als *fremden* Willens unter Einwilligung des Fremden". a. a. O., S. 375.

Den Vertretern dieser Theorie wurde im Hinblick auf modern-rechtliche Problemstellungen vorgeworfen, sie könnten das Wesen der gesetzlichen Stellvertretung nicht erklären; da der Vertretene hier in den meisten Fällen im Hinblick auf die Vornahme von Rechtsgeschäften willensunfähig ist, sei diese Lehre zu der Argumentation gezwungen, das Gesetz stelle hier die Fiktion auf, der Vertreter handele auf Grund des Willens des Vertretenen[18]. Ferner käme sie in Schwierigkeiten beim Handeln eines vollmachtlosen Vertreters; denn wie kann jemand Organ, „Mittel" eines noch nicht existierenden Willens sein? Darüber hinaus sei in diesen Fällen die Bindung des Dritten bis zur Verweigerung der Genehmigung seitens des Vertretenen nicht zu erklären, da man konsequenterweise nur von einer einzigen, nämlich einseitigen Erklärung des Dritten sprechen könne. Schließlich müßte bei völlig allgemein gehaltenen Vollmachten die Präzisierung des Willens des Vertretenen durch den Vertreter darin bestehen, daß der Vertreter selbst noch den Willensentschluß in allen Einzelheiten faßt. In diesen Fällen von einer Präzisierung zu sprechen, sei aber eine ausgesprochene Fiktion, denn in Wirklichkeit entstehe erst in der Person des Vertreters der konkrete und somit eigene Rechtsfolgewille, und es würde nicht der — konkret gar nicht vorhandene — Rechtsfolgewille des Vertretenen präzisiert.

Um aus diesem Dilemma herauszukommen, versuchte man das Wesen der Stellvertretung auf andere Weise zu erfassen. Entweder half man sich mit einer Rechtsfiktion: in bezug auf die Vertragswirkungen behandele das Recht den Vertretenen so, daß er als der Kontrahent anzusehen ist, auch wenn in tatsächlicher Hinsicht der Rechtsfolgewille in der Person des Vertreters entsteht[19], oder man erklärte das Auseinanderfallen von Ursache und Wirkung aus dem Willen der Beteiligten, der vom Recht anerkannt und geschützt werde[20, 21].

---

[18] Dieser Vorwurf trifft allerdings Hellmann nicht, da er (a. a. O.) die gesetzliche Vertretung aus seinen Betrachtungen ausklammert.

[19] Vgl. Laband, ZHR 10, 187: „Der Contractswille erzeugt sich in der Person des Vertreters, allein dieser Wille gilt rechtlich als der Wille des Vertretenen." Gareis, a. a. O., S. 15: „Der eigene unabhängige Wille des Stellvertreters wird als derjenige des Prinzipals fingiert." Der Vertretene „ist in bezug auf die Wirkungen des Vertrages vermöge Juristischer Fiktion als der Contrahent anzusehen, obwohl er an dem Abschluß desselben tathsächlich keinen Anteil genommen hat".

Buchka, a. a. O., S. 206: „Das eigenthümliche Wesen der Repräsentation des Prinzipals durch den Procurator besteht ... darin, daß die Wirkungen des Vertrages vermöge rechtlicher Fiktion auf den ersteren bezogen werden, obgleich die Handlung, durch welche der Vertrag zustande gebracht wird, eine für ihn fremde ist. Die Wirksamkeit des von dem Procurator im Namen des Prinzipals abgeschlossenen Vertrages ist daher aus der Person des ersteren zu beurtheilen."

[20] Vgl. Jhering, a. a. O., S. 176 Anm. 24: „Die wahre, echte Stellvertretung beruht auf einer Trennung der Ursache: die Handlung fällt auf die Person des Stellvertreters, die Wirkung, das Recht, auf die Person des Repräsentirten; die

Die gesamte wissenschaftliche Diskussion um die Dogmatik des Stellvertretungsrechts[22] besteht also darin zu erklären, wessen *Wille* den Eintritt der Rechtsfolgen des Vertretergeschäfts in der Person des Vertretenen erzeugt. Bei den Vertretern aller skizzierten Theorien besteht Einigkeit darüber, daß der Eintritt der Rechtsfolge beim Vertretergeschäft vom Willen der Rechtssubjekte abhängig ist, sei es vom Willen des Vertretenen, des Vertreters oder von dem gemeinsamen Willensentschluß beider. Die Fremdwirkung der Erklärungen beruht also grundsätzlich auf der „Willensautonomie[23]", und demzufolge ist auch das gesamte Institut der gewillkürten Stellvertretung der §§ 164 ff BGB auf diesem Fundament errichtet[24].

Stellvertretung schließt eine künstliche Spaltung dessen in sich, was bei der natürlichen Gestalt des Verhältnisses eins ist."
Curtius, AcP 58, 87: „Das Charakteristische an der Stellvertretung ist vielmehr gerade dieses, daß der Contrahent und das Subjekt der Obligationes ex contractu verschiedene Personen sind." S. 86: „Auch eine Fiktion, daß der Vertretene der Contrahent sei, ... ist dem heutigen Recht so fremd wie dem römischen." Auf diese Weise konnte man jetzt scharf zwischen der Stellvertretung im Willen und der Botenschaft in der Erklärung trennen.

[21] Von den abweichenden Lösungsversuchen einzelner Schriftsteller (z. B. Thöl) sei hier noch die Lehrmeinung von Mitteis zitiert, der in der „Willensteilung" zwischen Vertreter und Vertretenem den rechtsgeschäftlichen Gesamttatbestand sieht, da der Wille des Vertreters für sich allein nicht ausreichen könne, um unmittelbare Rechtswirkungen zwischen dem Vertretenen und dem Dritten herbeizuführen. a. a. O., S. 119: „Wir können ... den Rechtssatz aufstellen, daß bei den durch Stellvertreter abgeschlossenen Rechtsgeschäften weder der Prinzipal noch der Stellvertreter eo ipso als der Alleinhandelnde anzusehen ist, sondern jeder insoweit handelt, als sein konkreter Wille es ist, welcher die Erklärung als ihr juristischer Bestimmungsgrund veranlaßt, und in derselben zum Ausdruck gelangt."
Vgl. aus dem neueren Schrifttum Müller-Freienfels, der das Fundament der Repräsentationstheorie, nämlich die Doktrin von den juristischen Tatsachen — Differenzierung zwischen den Rechtsfolge begründenden und Rechtsfolge bedingenden Tatsachen — ablehnt. Es gehört „zum Begründungstatbestand eines unter Zuhilfenahme eines Vertreters abgeschlossenen Rechtsgeschäfts die Bevollmächtigung nicht mehr und nicht weniger als das Vertretergeschäft", a. a. O., S. 216. Nur so sei die Stellvertretung mit der Idee der Selbstbestimmung des Geschäftsherrn und somit mit der Privatautonomie vereinbar.

[22] Die Repräsentationstheorie liegt zwar der gesetzlichen Regelung der §§ 164 ff BGB zugrunde (Mot. I S. 227: „Das Geschäft ist ein Geschäft des Vertreters; aber es wird dem Vertretenen so zugerechnet, als ob es von ihm vorgenommen worden wäre." Vgl. auch Prot. I S. 141), die Frage nach der wissenschaftlichen Systematik ist damit aber noch nicht beantwortet; denn der Gesetzgeber geht in erster Linie von rechtspolitischen Zielsetzungen aus und ist, was dogmatische Fragestellungen betrifft, von der Einsicht seiner Zeit abhängig. Vgl. auch Müller-Freienfels, a. a. O., S. 190: Der Aufbau des Systems ist „in erster Linie ein Problem vorpositivrechtlicher, allgemein gültiger Art"; zu dem gesamten Problemkreis vgl. ferner Wolff, Theorie der Vertretung, Berlin 1934.

[23] Westermann, Sachenrecht, § 14, 2.

[24] Aus diesem Grunde bedarf auch in diesem Zusammenhang die Problematik der Ausnahmefälle einer Erörterung nicht, inwieweit nämlich der Wille durch objektive Tatbestandsmerkmale — z. B. veranlaßten Rechtsschein —

Aus dieser Analyse beantwortet sich auch die Frage, ob die §§ 164 ff BGB auf das Verpflichtungsverhältnis des sozialtypischen Verhaltens anwendbar sind. Da der rechtsgeschäftliche Erfolgswille beim sozialtypischen Verhalten nicht Tatbestandsmerkmal und für das Entstehen dieses Rechtsverhältnisses gänzlich ohne Bedeutung ist, das Zurechnungskriterium vielmehr in dem objektiven Tatbestandsmerkmal des Anbietens und der Inanspruchnahme einer Leistung der Daseinsvorsorge liegt, kann das subjektive Zurechnungskriterium des Willens der §§ 164 ff BGB, auf dem das gesamte Rechtsinstitut aufgebaut ist, vergl. nur §§ 164 Abs. 2, 166 BGB, keine Bedeutung erlangen. Natürlich tritt, wie bei jeder juristischen Handlung, auf seiten des Handelnden ein Wille in Erscheinung[25], aber dies ist nicht der rechtsgeschäftliche Erfolgswille; denn der Handelnde will zwar die Leistung in Anspruch nehmen, ob aber ein Verpflichtungsverhältnis entsteht, hängt nicht von seinem Willen ab, sondern davon, ob nach allgemeiner Rechtsüberzeugung die Inanspruchnahme zur Gegenleistung verpflichtet. Der tatsächliche Erfolg bedingt, unabhängig vom Willen, den Rechtserfolg; die Rechtsfolge tritt mithin nicht ex voluntate, sondern ex lege ein.

Die Unanwendbarkeit der §§ 164 ff BGB — vgl. z. B. nur § 164 Abs. 2 BGB — erhellt auch aus folgender Überlegung: Würde der „Vertretene" selbst handeln und die Leistung in Anspruch nehmen, so käme das Verpflichtungsverhältnis ja nicht deshalb zustande, weil es als „gewollt" erklärt wurde, sondern unabhängig vom Willen auf Grund der faktischen Inanspruchnahme.

Legt man die Geschäftsherrntheorie beim Mitwirken eines Dritten zugrunde, so kann nicht dadurch, daß jetzt eine Mittelsperson zwischengeschaltet wird, dem Willen des Geschäftsherrn Bedeutung zugemessen werden, und das Rechtsinstitut der §§ 164 ff BGB Bedeutung erlangen. Stimmt man der Repräsentationstheorie als der dogmatischen Grundlage des Handelns für andere zu, so ergibt sich die gleiche Situation: Die Rechtsfolge, d. h. Entstehen eines Verpflichtungsverhältnisses, kann nicht deshalb in der Person eines anderen als dem die Leistung tatsächlich Inanspruchnehmenden gem. § 164 Abs. 1 BGB eintreten, weil dieser es will. Denn dieser Wille ist ja gerade als Tatbestandsmerkmal eliminiert. Legt man die Vermittlungstheorie zugrunde, so sind gegen sie die gleichen Argumente ins Feld zu führen. Da der Wille also nicht mehr Voraussetzung für das Entstehen eines Rechtsverhältnisses ist, vermag er auch nicht dem objektiven Tatbestand des sozialtypischen Verhaltens die Richtung auf eine bestimmte Person gem. §§ 164 ff BGB zu geben.

---

ersetzt werden kann; denn da dies Ausnahmefälle sind, kann und will die Wissenschaft dem Willen als dem grundsätzlichen Zurechnungskriterium seine Bedeutung nicht nehmen.

[25] Vgl. oben Abschnitt 2, Kapitel 2, § 2 dieser Arbeit.

Auf Grund der völlig andersartigen Zurechnungskriterien[26] kann die Normengruppe der gewillkürten Stellvertretung als Einzelregelung des Handelns für andere auf den objektiven Verpflichtungstatbestand des sozialtypischen Verhaltens nicht angewandt werden[27].

§ 2 Dogmatische Analyse des sozialtypischen Verhaltens

War der Tatbestand des sozialtypischen Verhaltens bislang in das System der Realakte eingegliedert worden, so war diese Systematisierung auf Grund zweier Gesichtspunkte erfolgt. Das erste Kriterium wurde durch eine Negation gewonnen: Der Verpflichtungstatbestand entsteht, nicht weil er als gewollt erklärt ist, sondern ohne Rücksicht auf den Willen; die Bedeutungslosigkeit des Willens für den Eintritt der Rechtsfolge war das erste Charakteristikum. Auf Grund dieses dogmatischen Befundes war die analoge Anwendung der Normengruppe der gewillkürten Stellvertretung der §§ 164 ff BGB auf den Tatbestand des sozialtypischen Verhaltens abgelehnt worden.

Das positive, einheitliche Kriterium der Realakte und somit des sozialtypischen Verhaltens lag in der Bewirkung eines tatsächlichen, gesetzlich normierten Erfolges, an den die Rechtsordnung kraft Rechtsvorschrift

---

[26] Aus dieser dogmatischen Analyse des Zurechnungsgrundes ist auch die Frage zu beantworten, ob § 166 BGB auf den Besitzerwerb durch Besitzdiener analog angewandt werden kann. Der Bundesgerichtshof (BGHZ 32, 53; vgl. auch schon das Reichsgericht in SeuffArch 79 Nr. 186) will § 166 BGB analog anwenden. „Ist Besitz durch einen Besitzdiener unrechtmäßig erworben worden, so haftet der Besitzherr dem Eigentümer bei Bösgläubigkeit des Besitzdieners trotz eigener Gutgläubigkeit auf Schadenersatz, wenn er den Besitzdiener im Rechtsverkehr vollkommen selbständig für sich hat handeln lassen, und der Besitzdiener im Rahmen der ihm zur freien Entscheidung zugewiesenen Tätigkeit den Besitz für den Besitzherrn erworben hat." Da in § 166 BGB der rechtsgeschäftliche Wille, und als Ausfluß Vertretungsmacht und Offenkundigkeit, in § 855 BGB das tatsächliche Moment der Eingliederung in ein Organisationsverhältnis die ausschlaggebenden Zurechnungskriterien sind, sind diese Tatbestände derart heterogen, daß von einer „Entsprechung" in der zugrunde liegenden gesetzlichen Wertung wohl kaum die Rede sein kann. (Ablehnend auch Westermann, JuS 1961, S. 80 und Schultze v. Lasaulx bei Soergel-Siebert, § 166 Anm. 3 und § 164 Anm. 6 mit jeweils weiteren Nachweisen.)
Das gleiche Problem stellt sich auch bei der Frage, ob der Vorbehaltskäufer durch den Willen des „Verarbeitenden" die Stellung eines Herstellers auch dann erlangen kann, wenn er am Arbeitsprozeß nicht beteiligt ist. Auch das ist zu verneinen, da der rechtsgeschäftliche Wille als konstituierendes Tatbestandsmerkmal in § 950 BGB völlig eliminiert ist. (So auch Westermann, Sachenrecht, § 53 III; Kötter, a. a. O., S. 83 bis 106; a. A. z. B. Flume, NJW 1950, 843 m. w. N.)

[27] Gegen eine grundsätzliche Anwendung der Normen der gewillkürten Stellvertretung auf Realakte, allerdings im herkömmlichen Sinn, auch Lehmann, AT, S. 320; Enneccerus-Nipperdey, S. 1269; Palandt-Danckelmann, Anm. 1 vor § 164 ff; Erman-Westermann, Anm. 1 vor §§ 104 ff; v. Tuhr II 2, S. 371.

die Legalwirkung knüpft. Aufgabe der nachfolgenden Untersuchung wird es jetzt sein, diese positive Aussage, die die heterogensten Tatbestände umfaßt — z. B. Fund, Verarbeitung, Aneignung[28] und sozialtypisches Verhalten — und in dieser allgemeinen Formulierung deshalb kaum großen systematischen Wert hat[29], genau auf ihren dogmatischen Gehalt hin zu analysieren. Für die Beantwortung der gestellten Frage kann deshalb die allgemein gehaltene Erklärung, das Verpflichtungsverhältnis entstehe „kraft der rechtsschöpferischen Überzeugung der Verkehrsgemeinschaft durch die tatsächliche Inanspruchnahme der Versorgungsleistung als ein ‚sozialtypisches Verhalten[30]'" nicht befriedigen, da sie keine Auskunft darüber gibt, welche Wertmaßstäbe das Entstehen dieses objektiv-rechtlich angeordneten Verpflichtungstatbestandes tatsächlich tragen; es ist somit erforderlich, die Wertmaßstäbe, die der Dogmatik des sozialtypischen Verhaltens zugrunde liegen, genau herauszuarbeiten, um die Lücke, die durch die im Wege der Rechtsfortbildung geschaffene Neuschöpfung des sozialtypischen Verhaltens entstanden ist, auszufüllen und diesen neuartigen Verpflichtungstatbestand in die Gesamtrechtsordnung des bürgerlichen Rechts eingliedern zu können[31].

1. Das Schuldverhältnis aus sozialtypischem Verhalten als ein Schuldverhältnis gewährten und in Anspruch genommenen Vertrauens

Um die Wertmaßstäbe, die das Verpflichtungsverhältnis des sozialtypischen Verhaltens rechtfertigen, unter dem rechtssystematischen Gesichtspunkt des Vertrauensschutzes zusammenfassen und anerkennen zu können, ist es notwendig, das rechtssoziologische Charakteristikum dieser Vorgänge im Sinne einer typisierten und schematisierten Abwicklung

---

[28] Nach der herrschenden Lehre ist auch die Aneignung Realakt (vgl. Westermann, Sachenrecht, § 58 IV; Wolff-Raiser, § 78 III; Baur, Sachenrecht, § 53 f III 2; Erman-Hefermehl, § 958 Anm. 2; Soergel-Oechßler, § 958 Anm. 5; Palandt-Hoche, § 958 Anm. 2 b; a. A. Johannsen in RGRK § 958 Anm. 2; Staudinger-Berg, § 958 Anm. 15 im Gegensatz zu Staudinger-Seufert, § 872 Anm. 7).
Demgegenüber wird die Dereliktion als Rechtsgeschäft angesprochen (vgl. Westermann, Sachenrecht, § 58 II 2 b; Wolff-Raiser, § 78 II 1 a; Baur, Sachenrecht, § 53 f II 2; Erman-Hefermehl, § 959 Anm. 1; Johannsen in RGRK § 959 Anm. 1; Soergel-Oechßler, § 959 Anm. 1; Palandt-Hoche, § 959 Anm. 1).
[29] Vgl. Lehmann, AT. S. 319: „Die Zusammenfassung aller dieser Klassen zu einer einheitlichen Gruppe hat keinen großen systematischen Wert, da es sich um außerordentlich verschiedenartige Vorgänge handelt, über die sich positiv kaum etwas Gemeinsames aussagen läßt."
[30] So Larenz, L 7, S. 33; vgl. auch DRiZ 1958, S. 247.
[31] Damit ist gleichzeitig eine allgemeine Methodenfrage angesprochen; vgl. dazu Westermann, Interessenkollisionen und ihre richterliche Wertung bei den Sicherungsrechten an Fahrnis und Forderungen, Karlsruhe 1954, S. 4—8, und Wesen und Grenzen der richterlichen Streitentscheidung im Zivilrecht, Münster 1955.

der Leistungsbeziehungen zu betonen. Bei den zur Diskussion stehenden Verpflichtungsverhältnissen handelt es sich um Rechtsbeziehungen, die für den einzelnen notwendige Leistungen — Benutzung der Verkehrsmittel, Versorgung mit Elektrizität usw. — zum Gegenstand haben. Aus diesem Merkmal — Daseinsvorsorge als Existenzvoraussetzung der Gesellschaft — ergibt sich notwendigerweise ein auf mechanisiertem Wege zustande gekommenes, durch Typizität charakterisiertes Verpflichtungsverhältnis. Mechanisierung und Typisierung bedeuten aber, daß der Unternehmer als Versorgungsträger gezwungen ist, seine Leistungen in einer Weise anzubieten, die es ermöglicht, daß sie von den einzelnen als Versorgungsnehmern auf eben demselben mechanisierten Weg, in der gleichen Typizität, d. h. sofort und ohne besondere Einwilligung — nach der Lehre vom sozialtypischen Verhalten: rechtlich ohne einen besonderen rechtsgeschäftlichen Vertragsabschluß — nach den Bestimmungen eines vorher festgesetzten und von jedermann einsehbaren Tarifs in Anspruch genommen werden können und müssen.

Auf Grund des durch die Typizität des Vorgangs *notwendig vorgegebenen mechanischen Ablaufs der Versorgung* vertraut der Unternehmer darauf, daß jeder, der die angebotene Versorgungsleistung in Anspruch nimmt, das durch Tarif festgesetzte und bekanntgegebene Entgelt bezahlen wird. In dem tatsächlichen Angebot der Leistung kommt das Vertrauen des Unternehmers in die Entrichtung des entsprechenden Entgelts seitens des Benutzers zum Ausdruck; denn ohne dieses Vertrauen wäre die Gestattung der *sofortigen* Inanspruchnahme der Leistung unverständlich und sinnwidrig. Dementsprechend nimmt der Benutzer mit der tatsächlichen Annahme der angebotenen Leistung gleichzeitig auch das ihm vom Unternehmer entgegengebrachte Vertrauen in Anspruch. Das Verpflichtungsverhältnis des sozialtypischen Verhaltens erwächst also aus der Inanspruchnahme gewährten Vertrauens, die gegenseitigen Rechte und Pflichten beruhen auf dieser durch Gewährung und Beanspruchung der Leistungen geschaffenen Vertrauensbeziehung.

Diesem im Wege der Rechtsfortbildung geschaffenen gesetzlichen Schuldverhältnis als der Gewährung und Beanspruchung gegenseitigen Vertrauens liegt das soziologische Faktum der Notwendigkeit der Erbringung gewisser Leistungen im Bereich der Daseinsvorsorge auf typisiertem und mechanisiertem Wege zugrunde. So wird durch eine Automatisierung des Vorgangs und einer damit Hand in Hand gehenden Entpersönlichung der Beziehungen im Sinne einer Kollektivregelung im tatsächlichen Bereich, im Bereich des Rechtlichen geradezu umgekehrt in verstärktem Maße Vertrauen angeboten und in Anspruch genommen, eben unter dem Gesichtspunkt, diese entpersönlichten Vorgänge reibungslos und einheitlich abwickeln zu können, wenn auch dieses Vertrauen, da es im Bereich der Daseinsvorsorge seine Wirksamkeit entfaltet, sich auf einen in seiner Typizität vorgezeichneten Ablauf der Rechtsbeziehung richtet. So läßt sich das Rechtsverhältnis des sozialtypischen Verhaltens als ein Rechtsverhältnis gewährten und in Anspruch genommenen Vertrauens bezeichnen.

Mit dieser Analyse ist aber noch nicht die Frage nach dem *Geltungsgrund* beantwortet. Gelingt es, diesen Geltungsgrund herauszuarbeiten, so ist den Gegnern der Lehre vom sozialtypischen Verhalten das schärfste und immer wieder vorgetragene Argument: „Der entscheidende Grund für die Ablehnung der Lehre von den faktischen Vertragsverhältnissen ist aber der, daß diese im Gesetz keine Stütze findet[32]" widerlegt. Zur Lösung dieser Aufgabe sollen zunächst einzelne Rechtssätze aus dem Eisenbahnverkehrsrecht untersucht werden.

Nach § 10 Abs. I S. 1 EVO[33] muß der Reisende bei Antritt der Fahrt mit einem Fahrausweis versehen sein. Nach einhelliger Auffassung[34] kommt der Beförderungsvertrag durch das Lösen dieses Fahrausweises mittels rechtsgeschäftlicher Willenserklärungen zustande, *die Höhe des zu zahlenden Entgelts* ist somit rückführbar auf die rechtsgeschäftlichen Willenserklärungen der Vertragsparteien beim Lösen dieser Fahrkarte.

§ 19 Abs. III S. 3 EVO[35] bestimmt jedoch, daß bei *Benutzung* eines Zuges mit höheren Fahrpreisen der Reisende den Unterschiedsbetrag nachzuzahlen hat, bei *Benutzung* eines Zuges mit niedrigeren Fahrpreisen kann er den Unterschiedsbetrag binnen der in § 24 Abs. VII vorgesehenen Frist zurückverlangen. Unabhängig von dem geschlossenen Beförderungsvertrag ist im § 19 Abs. III S. 3 EVO also auf das positiv bestimmte, reale Moment der Benutzung als Kriterium für die Höhe des Entgelts abgestellt, das subjektive Element des rechtsgeschäftlichen Willens ist völlig eliminiert. Benutzt also ein Fahrgast absichtlich oder unabsichtlich, d. h. rechtlich mit oder ohne Rechtsfolgewillen, mit einer Personenzugkarte einen bereitstehenden Schnellzug, so ist das reale Moment der Benutzung dieses Schnellzuges entscheidend für das zu zahlende Entgelt.

---

[32] Vgl. statt vieler Brox, a. a. O., S. 216 und die Zitate auf Seite 15 Fußnote 19 dieser Arbeit.

[33] Die EVO ist Rechtsverordnung mit Gesetzeskraft, vgl. statt aller BGHZ 6, 310.

[34] Vgl. sowohl Larenz, L 7, S. 35, als auch Enneccerus-Nipperdey, S. 1016.

[35] Die Bestimmung lautet: Bei Benutzung eines Zuges mit höheren Fahrpreisen hat der Reisende den Unterschiedsbetrag nachzuzahlen, bei Benutzung eines Zuges mit niedrigeren Fahrpreisen kann er den Unterschiedsbetrag binnen der in § 24 Abs. VII vorgesehenen Frist zurückverlangen.

Ebenso wie in § 19 Abs. III S. 3 EVO ist auch in § 14 Abs. IV S. 1 EVO[36] auf das tatsächliche Kriterium des Gebrauchs der zur Verfügung gestellten Einrichtung abgestellt; dem Reisenden ist der *Übergang* in die I. Klasse oder in einen Zug mit höheren Fahrpreisen gegen Zahlung des Unterschiedsbetrags gestattet. Die Benutzung der I. Wagenklasse innerhalb eines Zuges verpflichtet also auch hier zur Zahlung eines erhöhten Fahrpreises, mag der Fahrgast „wollen" oder nicht.

Im übrigen hat gem. § 15 Abs. III S. 2 EVO[37] ein Reisender, der keinen gültigen Fahrausweis vorweisen kann, für die von ihm *zurückgelegte* Strecke das Doppelte des Fahrpreises zu zahlen. Für das Entstehen der Rechtsbeziehung entscheiden also auch hier ausschließlich reale Momente[38], das Vorhandensein einer Willenserklärung mit Erklärungsbewußtsein und Rechtsfolgewillen ist nicht erforderlich.

Aber nicht nur im Verkehrsrecht sind es diese positiv ausgestalteten tatsächlichen Momente, mit deren Eintritt das Rechtsverhältnis zustande kommt. So bestimmt für das Energierecht Abschnitt III Ziff. 2 S. 2 der Allgemeinen Bedingungen für die Versorgung mit elektrischer Arbeit aus dem Niederspannungsnetz des Elektrizitätsversorgungsunternehmens[39], daß jeder Gebrauch elektrischer Arbeit aus dem Netz des Elektrizitätswerkes als Anerkennung der Allgemeinen Bedingungen für die Versorgung mit Elektrizität gilt und somit, unabhängig vom Willen des Benutzers, zur Zahlung des entsprechenden Entgelts verpflichtet[40].

All diesen angeführten Einzelbestimmungen ist gemeinsam, daß sie auf das reale Moment der tatsächlichen Inanspruchnahme einer Leistung, die auf typisiertem und mechanisiertem Wege zum sofortigen Gebrauch zur Verfügung gestellt ist, als entscheidendes Kriterium für das Ent-

---

[36] Die Bestimmung lautet: Soweit der Tarif nichts anderes bestimmt, ist dem Reisenden der Übergang in die I. Klasse oder in einen Zug mit höheren Fahrpreisen gegen Zahlung des Unterschiedsbetrages gestattet.

[37] Die Bestimmung lautet: Im übrigen hat ein Reisender, der keinen gültigen Fahrausweis vorweisen kann, unbeschadet der strafrechtlichen Folgen für die von ihm zurückgelegte Strecke und, wenn der Zugangsbahnhof nicht sofort nachgewiesen werden kann, für die ganze vom Zuge zurückgelegte Strecke das Doppelte des Fahrpreises, mindestens jedoch drei Deutsche Mark zu zahlen.

[38] Die Erhöhung des Betrages über das Entgelt für die tatsächliche Benutzung hinaus erwächst aus dem Bestreben, den durch den notwendig mechanisierten Ablauf der Benutzungsverhältnisse ermöglichten Mißbrauch weitestgehend zu unterbinden. Die Frage nach dem Rechtscharakter dieses „überschüssigen" Betrages kann in diesem Zusammenhang dahingestellt bleiben.

[39] Diese Bedingungen sind am 27. 1. 1942 mit Wirkung vom 1. 4. 1942 (RAnz 1942 Nr. 39 u. 46) für allgemein verbindlich erklärt und stellen Rechtsnormen dar; vgl. statt aller BGH in RBeil 1954, S. 66. Die Bestimmung lautet: Jeder Gebrauch elektrischer Arbeit aus dem Netz des Elektrizitätswerkes gilt als Anerkennung dieser allgemeinen Bedingungen für die Versorgung mit Elektrizität.

[40] Vgl. auch dazu Hammer, a. a. O., S. 1208 und Friedrich, a. a. O., S. 490.

stehen solcher durch den faktischen Automatismus bedingter Rechtsverhältnisse abstellen, unabhängig davon, ob die Parteien das Entstehen dieser Rechtsverhältnisse mit Rechtsfolgewillen erklärt haben oder nicht.

Das soziologische Faktum der Notwendigkeit der Erbringung gewisser Leistungen auf typisiertem und mechanisiertem Wege hat die Kodifizierung und Ausgestaltung dieser gesetzlichen Einzelregelung bestimmt.

Fehlt es jedoch an diesen durch die Faktizität vorgegebenen Rechtstatsachen im Sinne einer mechanisierten Automatisierung der Vorgänge, dann mangelt es auch an entsprechenden gesetzlichen Bestimmungen, wie die Untersuchung beispielsweise des VIII. Abschnitts der EVO — Beförderung von Gütern — zeigt, vgl. statt aller §§ 55, 56 und 72 EVO. Da die EVO und somit die Bestimmungen der §§ 14 Abs. IV S. 1, 15 Abs. III S. 2 und 19 Abs. III S. 3 EVO sowohl für Eisenbahnen, Eisenbahnfährverbindungen[41], Schwebebahnen[42], Stadt-Schnellbahnen[43] als auch gem. § 3 Abs. IV S. 1 EVO im sog. „Schienenersatzverkehr" für Kraftomnibusse der Bundesbahn gelten, kann im Wege der Rechtsanalogie dieser Bestimmungen und der Bestimmung des Abschnitts III Ziff. 2 S. 2 AVB der allgemeine Rechtssatz abgeleitet werden, daß die Inanspruchnahme einer auf typisiertem und mechanisiertem Wege angebotenen Leistung unabhängig vom Willen der Parteien zur Leistung und Gegenleistung verpflichtet; denn die zugrunde liegenden Rechtstatsachen sind die gleichen, und somit können die gesetzlichen Bewertungen — etwa bei der Benutzung von Stadt-Schnellbahnen und Schwebebahnen — auf sämtliche derartige Massenschuldverhältnisse — etwa bei der Benutzung von Straßenbahnen — übertragen werden, da sie den nicht geregelten Interessenlagen wesensähnlich sind, denn hier wie dort hat die *Notwendigkeit der massenhaften Bewältigung gleichartiger Leistungen zu einer typisierten Mechanisierung der Geschäftsabwicklung geführt.* Der Geltungsgrund der neuartigen Schuldverhältnisse erwächst also aus der Rechtsanalogie zu den Bestimmungen der §§ 14 Abs. IV S. 1, 15 Abs. III S. 2, 19 Abs. III S. 3 EVO und Abschnitt III Ziff. 2 S. 2 AVB.

Zu beantworten bleibt noch die Frage nach der Eingliederung dieser Rechtsverhältnisse in das Schuldrechtssystem. Da diese Schuldverhältnisse und die daraus erwachsenen Rechtspflichten ihren Grund nicht im Parteiwillen finden, sondern aus dem oben umschriebenen Wertsystem der gesetzlichen Regelungen der §§ 14 Abs. IV S. 1, 15 Abs. III S. 2, 19 Abs. III S. 3 EVO und Abschnitt III Ziff. 2 S. 2 AVB abgeleitet werden, sind

---

[41] Vgl. OLG Stettin in OLG 13, S. 12.
[42] Vgl. RGZ 86, 94.
[43] Vgl. Finger, § 1 Anm. 2 f.

diese privatrechtlichen Verpflichtungsverhältnisse als eigenständig gesetzliche Schuldverhältnisse zu bezeichnen.

Die weitere Systematisierung dieser Verpflichtungsverhältnisse ist dadurch bestimmt, daß es der neueren Zivilrechtsdogmatik gelungen ist, das starre System der Haftungsgründe — Haftung ex contractu und Haftung ex delicto — um Kategorien wie Gefährdungshaftung, Aufopferungshaftung und Vertrauenshaftung zu erweitern[44]. In dieses System der Vertrauenshaftung sind die Schuldverhältnisse aus sozialtypischem Verhalten, die oben als „Schuldverhältnisse gewährten und in Anspruch genommenen Vertrauens" bezeichnet wurden, einzugliedern, da sich ihre Wirkungen weder auf Rechtsgeschäfte noch auf unerlaubte Handlungen zurückführen lassen[45]. Innerhalb dieses Systems stellen sie Fälle der Garantiehaftung dar[46]. Die §§ 14 Abs. IV S. 1, 15 Abs. III S. 2, 19 Abs. III S. 3 EVO und Abschnitt III Ziff. 2, S. 2 AVB und das im Wege der Rechtsanalogie entwickelte Institut der Schuldverhältnisse aus sozialtypischem Verhalten stehen somit in dem gleichen Haftungssystem wie die gesetzlichen Bestimmungen der §§ 122, 179 Abs. I und 179 Abs. II BGB und die Haftung für anfängliches Unvermögen.

Zusammenfassend läßt sich also sagen, die Schuldverhältnisse aus sozialtypischem Verhalten sind im Wege der Rechtsanalogie geschaffene gesetzliche Verpflichtungsverhältnisse, die sich dogmatisch in das System der Vertrauenshaftung — Garantiehaftung — eingliedern lassen.

Dieser Bewertungsfaktor „in Anspruch genommenes Vertrauen" bei den Leistungsbeziehungen im Bereich der Daseinsvorsorge wird von den Gegnern der Lehre vom sozialtypischen Verhalten zur Rechtfertigung der Einschränkung der Anfechtbarkeit gem. § 119 BGB bei den hier erörterten Verpflichtungsverhältnissen ins Feld geführt[47]. Nimmt man jedoch, wie diese Autoren es tun, ein Verpflichtungsverhältnis qua Rechtsgeschäft an, so ist die restriktive Auslegung der §§ 119 ff BGB mangels besonderer, eine Restriktion rechtfertigender Bewertungsfaktoren zugunsten des Unternehmers als des Erklärungsempfängers unzulässig, da der Gesetzgeber das „Parallelogramm der Kräfte[48]" in den §§ 116 ff

---

[44] Grundlegend insoweit Stoll, Die Lehre von den Leistungsstörungen; vgl. ferner Ballerstedt, AcP 151 S. 501 ff; Coing, a. a. O., S. 25 ff; Hübner, a. a. O., S. 373 ff; Larenz, L 7, § 4 V; Esser, § 10, 1 b; Soergel-Siebert, Bem. 5 vor § 275; Staudinger-Coing, Bem. 19 b vor §§ 116 ff; Canaris, AcP 165, S. 1 ff.
[45] Vgl. auch Coing, a. a. O., S. 30.
[46] Neben der Garantiehaftung kennt unser Privatrechtssystem innerhalb der Vertrauenshaftung noch Beispiele der Verschuldenshaftung, vgl. §§ 307, 309 BGB und das Institut der culpa in contrahendo.
[47] Vgl. dazu unten 3. Abschnitt, Kapitel 2, § 1 dieser Arbeit.
[48] Vgl. Westermann, JuS 1964, S. 172.

BGB vorgegeben hat, von dem abzuweichen in diesen Fällen, wie unten ausgeführt wird[49], kein Anlaß besteht.

Der richtige rechtssystematische Standort der Inanspruchnahme gewährten Vertrauens liegt also nicht, das sei ausdrücklich betont, in der *Abwicklung* bereits qua Rechtsgeschäft entstandener Verpflichtungsverhältnisse, sondern in der *Begründung* dieser Rechtsverhältnisse qua sozialtypisches Verhalten, und d. h. qua Gewährung und Beanspruchung gegenseitigen Vertrauens[50].

War das Schuldverhältnis des sozialtypischen Verhaltens als ein Rechtsverhältnis der Gewährung und Beanspruchung gegenseitigen Vertrauens bezeichnet worden, so blieben trotz dieser Systematisierung bislang zwei entscheidende Fragen noch unbeantwortet; erstens: wodurch wird dieses Vertrauen hervorgerufen — damit ist die Frage nach der weiteren dogmatischen Analyse des Entstehungsgrundes der Vertrauensbeziehung gestellt. Zweitens: worauf ist dieses Vertrauen, das vom Gesetz geschützt wird, inhaltlich gerichtet — damit ist die Frage nach dem Inhalt des Schuldverhältnisses gestellt.

Da die Thematik dieser Arbeit nur um das Problem der Begründung dieses Schuldverhältnisses kreist, kann die Frage nach dem Inhalt des Rechtsverhältnisses ausgeklammert werden. Nur soviel sei hier angedeutet[51]: das Schuldverhältnis aus sozialtypischem Verhalten beinhaltet einmal die primären Leistungspflichten, also das Zurverfügungstellen

---

[49] Vgl. dazu unten 3. Abschnitt, Kapitel 2, § 1 dieser Arbeit.

[50] Neuerdings sieht Canaris (AcP 165, 10 ff) in Abkehr von der herrschenden Lehre im Verlöbnis weder einen Vertrag noch ein tatsächliches Verhältnis, sondern ein gesetzliches Rechtsverhältnis ohne primäre Leistungspflicht, das „seine Grundlage in der Inanspruchnahme und Gewährung von Vertrauen im Hinblick auf den geplanten Eheschluß findet".
Auch auf anderen Rechtsgebieten, etwa dem öffentlichen Recht, kann das Vertrauen „bestandserhaltende Kraft" haben. So erwächst die gesamte Problematik der Widerrufslehre von Verwaltungsakten aus dem Spannungsverhältnis von materieller Gerechtigkeit im Einzelfall auf der einen und den Interessen der Rechtssicherheit, der Wahrung der Staatsautorität und nicht zuletzt dem Vertrauensschutz des einzelnen auf die Beständigkeit des Verwaltungsaktes auf der anderen Seite. Die Wertung dieser divergierenden Interessen liegt auch den verstreuten und stark den Einzelfall berücksichtigenden gesetzlichen Regelungen des Widerrufs von Verwaltungsakten zugrunde, etwa den §§ 92 bis 96 AO, § 1300 RVO, § 79 AVG, § 95 RKnG, § 24 OBG NW und anderen, an die Wissenschaft (vgl. statt aller Wolff, Verwaltungsrecht, § 53) und Rechtsprechung (vgl. statt aller die Entscheidung des Bundesverwaltungsgerichts in VerwRspr 12, S. 42) zur Entscheidung gesetzlich nicht geregelter Einzelfälle und zur Fortbildung des Rechts anknüpfen.

[51] Vgl. dazu auch Raiser, a. a. O., S. 126: „Der Übergang vom Tatbestand einer Willenserklärung zu dem eines normierten Verhaltens vollzieht sich so unmerklich, daß an dieser Stelle nicht zugleich auch die Grenze für die Anwendung des Vertragsrechts im funktionalen Sinn liegen kann." Für die *Entstehung* dieser neuartigen Schuldverhältnisse gilt dies jedoch, wie die Untersuchung gezeigt hat, nicht; vgl. auch Larenz, L 7, S. 36 N. 1.

der Einrichtung der Daseinsvorsorge seitens des Unternehmers und Zahlung des Entgelts seitens des Benutzers, und darüber hinaus auch die sogenannten sekundären Leistungspflichten[52] oder Nebenpflichten, die nach heutiger Anschauung auch auf dem ursprünglichen Schuldverhältnis beruhen[53].

2. Entstehen der Vertrauensbeziehung durch den sinnbezogenen und typisierten Eingriff in ein fremdes Rechtsgut

Die Frage nach dem weiteren dogmatischen Charakter des Entstehungsgrundes dieser Verpflichtungsverhältnisse ist deshalb zu stellen, weil die Erklärung, „Schuldverhältnis qua Gewährung und Beanspruchung gegenseitigen Vertrauens", keine Auskunft darüber gibt, welche relevante Handlung seitens des Unternehmers das Vertrauen des Benutzers trägt und umgekehrt, welche Handlung seitens des Benutzers das Vertrauen des Unternehmers in der Weise rechtfertigt, daß sie von der Rechtsordnung zur Grundlage dieser gegenseitigen Vertrauensbeziehung gemacht wird.

Zur Beantwortung dieser Frage sind die gemeinsamen Tatbestandselemente der §§ 14 Abs. IV S. 1, 15 Abs. III S. 2, 19 Abs. III S. 3 EVO und Abschnitt III Ziff. 2 S. 2 AVB, aus denen das Rechtsinstitut des Schuldverhältnisses aus sozialtypischem Verhalten im Wege der Rechtsanalogie abgeleitet wurde, herauszuarbeiten. Diese gesetzlichen Verpflichtungsverhältnisse erwachsen aus dem „Gebrauch" oder aus der „Benutzung" einer seitens des Unternehmers zur Verfügung gestellten Leistung; dieser Gebrauch der zur Verfügung gestellten Einrichtung stellt sich in allen angeführten Bestimmungen dar als ein *Eingriff seitens des Benutzers in ein fremdes Rechtsgut*. Dieser Eingriff konkretisiert das seitens des Unternehmers „abstrakt" — durch das Zurverfügungstellen der Leistung — vorgebrachte Vertrauen zu einer „konkreten" Vertrauensbeziehung, aus der die Rechte und Pflichten der Vertragspartner fließen.

Ausreichend ist jedoch nicht jeder Eingriff in ein fremdes Rechtsgut, sondern es sind nur die „eine Vertrauensbeziehung konkretisierenden Eingriffe", d. h. die Vertrauensbeziehung muß bereits abstrakt, durch Zurverfügungstellen der Leistung, bestanden haben, da sonst von einer „Konkretisierung der Vertrauensbeziehung" nicht gesprochen werden kann. Das mag ein Beispiel erläutern. Zapft jemand die Stromleitung

---

[52] Begriffe nach Larenz, L 7, § 2 I.

[53] Vgl. dazu im einzelnen Larenz, L 7, § 2 mit weiteren Nachweisen; aber auch Fikentscher, Schuldrecht, § 8, der einen einheitlichen Begriff der Leistung vertritt und sowohl die sog. primären als auch sekundären Leistungspflichten einem einheitlichen Begriff des Leistungsinhalts zurechnen will, um damit den Boden für eine einheitliche Behandlung der Leistungsstörungen zu gewinnen.

seines Nachbarn an, um auf diese Weise das Haushaltsgeld seiner Frau niedrig halten zu können, dann ist für die Beantwortung der Frage, ob durch diesen Eingriff in das fremde Rechtsgut ein Schuldverhältnis aus sozialtypischem Verhalten erwächst, zu unterscheiden: Das Elektrizitätswerk als Leistungsträger hat durch das Zurverfügungstellen der entsprechenden Sachmittel eine „abstrakte" Vertrauensbeziehung geschaffen — mit dem Inhalt: jeder, der die auf diesem notwendig mechanisierten Wege angebotene Leistung in Anspruch nimmt, zahlt das festgesetzte Entgelt —, die durch diesen Eingriff konkretisiert wurde. Da als subjektives Tatbestandsmerkmal nur ein natürlicher Wille und nicht ein Rechtsfolgenwille erforderlich ist[54], entsteht durch diesen Eingriff ein Schuldverhältnis aus sozialtypischem Verhalten zwischen dem Leistungsträger, dem Elektrizitätswerk, und dem Leistungsnehmer, dem Stromdieb.

Kein Schuldverhältnis aus sozialtypischem Verhalten entsteht jedoch zwischen dem Nachbarn und dem Leistungsanzapfer, da dieser seine Leistung nicht zur Verfügung gestellt hat; es fehlt mithin an einer abstrakten Vertrauensbeziehung zwischen diesen beiden Personen, die durch den Eingriff hätte konkretisiert werden können.

Das zweite Tatbestandsmerkmal, das den angeführten gesetzlichen Bestimmungen der EVO und den AVB gemeinsam ist, ist die Sinnbezogenheit des Eingriffs. Beziehungspunkt für die Würdigung der Handlung des Leistungsempfängers ist die Handlung des Leistungsträgers. Diese Sinnbezogenheit wird fast immer, wie in den gesetzlichen Bestimmungen der §§ 14 Abs. IV S. 1, 15 Abs. III S. 2, 19 Abs. III S. 3 EVO und Abschnitt III Ziff. 2 S. 2 AVB, vorliegen. Es sind schon groteske Ausnahmesituationen heraufzubeschwören, damit es an dem Erfordernis der Sinnbezogenheit der Verhaltensweisen fehlt. Läßt ein Bauherr, um ein Beispiel aus dem Gebiet der Benutzung von Parkplätzen zu nehmen, aus Platzmangel auf einem benachbarten Parkplatz die zu seinem Bau benötigten und zu früh gelieferten Steine deponieren, so kommt mangels Sinnbezogenheit der tatsächlichen Verhaltensweisen — zur Verfügung stellen als Parkplatz, Benutzung als Ablageplatz — kein Schuldverhältnis kraft sozialtypischen Verhaltens zustande. Praktische Bedeutung könnte hingegen folgender Fall bekommen: jemand derelinquiert seinen infolge Unfalls oder jahrelanger Benutzung unbrauchbar gewordenen Kraftwagen, für den er einen Käufer trotz intensiven Suchens nicht mehr gefunden hat, nachts auf einem gebührenpflichtigen Parkplatz[55]. Nach vier Wochen wird er als ehemaliger Eigentümer festgestellt und auf

---

[54] Auch für § 19 Abs. III S. 3 EVO ist es völlig gleichgültig, ob der Benutzer als „Schwarzfahrer" die Leistung in Anspruch nehmen wollte oder ob er beabsichtigt hatte, das entsprechende Entgelt zu zahlen.
[55] Die Unsitte, ausrangierte Kraftfahrzeuge in den Straßen der Städte zu derelinquieren, nimmt immer mehr zu.

Zahlung der Parkgebühr aus einem Schuldverhältnis kraft sozialtypischen Verhaltens in Anspruch genommen. Auch hier fehlt es an der Sinnbezogenheit der beiden Verhaltensweisen — Dereliktion ist kein Parken im Sinne von § 16 StVO[56] —, so daß ein Verpflichtungsverhältnis kraft sozialtypischen Verhaltens nicht begründet wird.

Die dritte und in ihrer Begrenzung wohl problematischste Voraussetzung des in Rechtsanalogie zu den §§ 14 Abs. IV S. 1, 15 Abs. III S. 2, 19 Abs. III S. 3 EVO und Abschnitt III Ziff. 2 S. 2 AVG entwickelten Rechtsinstituts des Schuldverhältnisses aus sozialtypischem Verhalten ist das Tatbestandsmerkmal der typisierten Anonymität des Vorgangs, bedingt durch die massenhafte und in ihrer Gleichförmigkeit sich stets wiederholenden Nutzungsbeziehung, die letztlich diese Vorschriften, wie oben festgestellt wurde[57], trägt. Diese typisierte Anonymität, weil Identität des Vorgangs, liegt beispielsweise in dem Schulfall für die Begründung eines Schuldverhältnisses aus sozialtypischem Verhalten, der Benutzung einer Straßenbahn, vor, während sie im folgenden bekannten Fall nicht gegeben ist: Jemand hat zweimal dasselbe Buch zugesandt erhalten, einmal vom Autor als Dedikation und sodann vom Buchhändler zur Ansicht; er beschließt, dieses zurückzugeben, schneidet aber, da die Bücher ohne sein Wissen vom ordnenden Dienstmädchen vertauscht worden sind, ein paar Seiten in dem Ansichtsexemplar auf. Hier fehlt es an einer massenhaften und sich in ihrer Identität stets wiederholenden Nutzungsbeziehung, mithin an der typisierten Anonymität des Eingriffs, auf Grund dessen sich die abstrakt bestehende Vertrauensbeziehung — würde das Buch beschmutzt, würde er wegen Verletzung dieser abstrakten Vertrauensbeziehung aus culpa in contrahendo haften[58]! — zu einem Schuldverhältnis aus sozialtypischem Verhalten *verdichten* könnte[59].

---

[56] Die Frage, inwieweit das länger dauernde Abstellen oder „zur Winterruhe setzen" von Kraftfahrzeugen auf einem öffentlichen Parkplatz als nicht mehr unter den Begriff des „Parkens" fallend angesehen werden kann, ist lebhaft umstritten; vgl. z. B. OLG Frankfurt in NJW 1957, S. 1811 einerseits, OVG Bremen, DVBL 1962, S. 644; und OLG Hamm, VRS 19, S. 465 andererseits. Einen Überblick über den Stand der Meinungen gibt Floegel-Hartung, § 16 Anm. 2 a. Diese Frage ist jedoch für die Erörterung des hier anstehenden Problemkreises von nebensächlicher Bedeutung.

[57] Vgl. oben 3. Abschnitt, Kapitel 1, § 2 dieser Arbeit.

[58] Vgl. oben S. 42 dieser Arbeit.

[59] Die Frage, ob hier ein rechtsgeschäftliches Schuldverhältnis — qua Willenserklärung — entstanden ist, kann im Rahmen dieser Arbeit nicht untersucht werden. Die Beantwortung hängt davon ab, ob bei den sog. „Willenserklärungen ohne Kundmachungszweck" oder den „Willensbetätigungen" das Erklärungsbewußtsein konstituierendes Tatbestandsmerkmal ist, und ob das Fehlen des Geschäftswillens unter §§ 116 ff BGB fällt (dafür z. B. Enneccerus-Nipperdey, S. 901), oder ob der Handelnde grundsätzlich den Nachweis führen kann, daß er tatsächlich einen anderen Willen mit seinem Verhalten verfolgt hat, und so den Schein einer Willensbetätigung zerstören kann, ohne erst gem. § 119 BGB anfechten zu müssen. (Dafür Manigk, JherJhb 83, S. 58 ff.)

Zusammenfassend läßt sich also sagen, die Vertrauensbeziehung des Schuldverhältnisses aus sozialtypischem Verhalten erwächst aus dem durch Sinnbezogenheit und typisierte Anonymität gekennzeichneten Eingriff in ein fremdes Rechtsgut. Dieses dogmatische Fundament der Vertrauensbeziehung erlaubt auch, wie an einzelnen Beispielen gezeigt wurde, eine genaue Abgrenzung der Erscheinungsformen des sozialtypischen Verhaltens von anderen Verhaltensweisen.

Aus dieser dogmatischen Analyse heraus ist zugleich eine Gemeinsamkeit und ein Unterschied des sozialtypischen Verhaltens zu einem anderen Rechtsinstitut aufgezeigt: Die Gemeinsamkeit und der Unterschied zu dem Rechtsinstitut der Willenserklärung. Der Bindungsgrund der Willenserklärung erwächst für den Erklärenden außer aus seinem Willen aus der Inanspruchnahme des Vertrauens des Erklärungsempfängers durch die Erklärung. Es ist in diesem Zusammenhang völlig gleichgültig, ob der Lösung des BGB eine durch die Erklärungstheorie modifizierte Willenstheorie, oder eine durch die Willenstheorie modifizierte Erklärungstheorie zugrunde liegt[60]. Im übrigen hat sich der Gesetzgeber weder der Willens- noch der Erklärungstheorie angeschlossen, wie sich aus den Protokollen[61] ergibt: „Halte man daran fest, sich grundsätzlich weder für die Willens- noch für die Erklärungstheorie zu entscheiden, zumal keine dieser beiden Theorien sich rein, d. h. ohne wesentliche Modifikationen durchführen lasse. So kommt es lediglich darauf an, unter tunlichster Ausgleichung der widerstreitenden Interessen des Irrenden und des anderen Teils wie auch Dritter ein den Anforderungen der Billigkeit entsprechendes Recht zu schaffen". Vielmehr ist die Wertung dieser „widerstreitenden Interessen" danach getroffen, ob und inwieweit die Interessen des Erklärungsempfängers schutzwürdig erscheinen[62].

Liegt also die Gemeinsamkeit der Willenserklärung und des sozialtypischen Verhaltens in der jeweiligen Inanspruchnahme des Vertrauens begründet, so erwächst ihr Unterschied und somit die Rechtfertigung der systematischen Trennung daraus, daß das Vertrauen in dem einen Fall durch einen, wenn auch oft fehlerhaft gebildeten, im Erklärungstatbestand verwirklichten Willen begründet wird, während der Vertrauens-

---

[60] Für die Erklärungstheorie sprechen § 116 BGB und auch § 119 BGB, der im Falle des Auseinanderfallens von Wille und Erklärung dem Irrenden nur unter bestimmten Voraussetzungen ein Anfechtungsrecht gewährt. Für die Willenstheorie spricht § 118 BGB.

[61] Prot. I, S. 222 f; Mugdan, S. 715.

[62] Vgl. dazu statt vieler Brox, S. 27 ff; Westermann, JuS 1964, S. 169 ff; Enneccerus-Nipperdey, S. 1024. Das Interesse des Erklärenden geht dahin, nur an dem irrtumsfrei gebildeten und erklärten Willen festgehalten zu werden; das Interesse des Erklärungsempfängers geht dahin, daß er in seinem Vertrauen auf den ihm erkennbaren objektiven Erklärungsgehalt der Willenserklärung geschützt wird.

tatbestand im anderen Fall durch einen sinnbezogenen und typisierten Eingriff in ein fremdes Rechtsgut entsteht. Dieser andersartige Entstehungsgrund bedingt, wie oben[63] schon für das Problem der Stellvertretung aufgezeigt wurde, eine verschiedenartige Behandlung der beiden Institute, so daß beispielsweise die Vorschriften über Willensmängel, über Genehmigung und Geschäftsfähigkeit nicht oder auf jeden Fall nicht unmittelbar Anwendung finden können[64].

§ 3 Zulassung einer Fremdwirkung auf Grund der dogmatischen Analyse des sozialtypischen Verhaltens

War der dogmatische Befund und somit der Zurechnungsgrund des sozialtypischen Verhaltens in dem sinnbezogenen und typisierten Eingriff in ein fremdes Rechtsgut gefunden worden, der eine vom Recht anerkannte Vertrauensbeziehung zwischen Leistungsträger und Leistungsnehmer begründet, so hat die nachfolgende Untersuchung zu klären, ob und gegebenenfalls welche Zurechnungsnormen des Rechtsinstituts des Handelns für andere zur Lückenausfüllung der im Wege der Rechtsfortbildung entstandenen Neuschöpfung des sozialtypischen Verhaltens herangezogen werden könne. Dabei ist eine wichtige Entscheidung schon gefallen: Die Normengruppe der §§ 164 ff BGB als Spezialrecht für das Recht der Willenserklärung kann auf Grund der völlig andersartigen Zurechnungskriterien zur Lückenausfüllung nicht verwandt werden.

Das Schuldverhältnis des sozialtypischen Verhaltens ist ein Verpflichtungsverhältnis gewährten und in Anspruch genommenen Vertrauens. Die gestellte Frage nach der Möglichkeit einer Fremdwirkung im Bereich der Daseinsvorsorge beinhaltet also im Grunde die Frage nach der Fremdwirkung des Vertrauens. Für die Beantwortung dieser Frage ist

---

[63] Vgl. oben 3. Abschnitt, Kapitel 1, § 1 dieser Arbeit.

[64] Der Frage, inwieweit eine analoge Anwendung der Vorschriften für Rechtsgeschäfte möglich ist, kann hier — mit Ausnahme natürlich der Frage des Handelns für andere — nicht weiter nachgegangen werden. Der Bundesgerichtshof (BGHZ 21, 332) hat die Anwendbarkeit des § 138 BGB auf das Schuldverhältnis des sozialtypischen Verhaltens für anwendbar erklärt. Hingegen wird die Anwendbarkeit des § 119 BGB allgemein abgelehnt (vgl. statt aller Larenz, DRiZ 1958, 248), die Anwendbarkeit des § 123 BGB jedoch angenommen (vgl. Esser, AcP 157, S. 97).

Bei der Frage nach der Anwendbarkeit der §§ 104 ff BGB sind die Meinungen geteilt. Haupt (a. a. O., S. 31) und Betti (a. a. O., S. 267) lehnen eine Anwendbarkeit der §§ 104 ff BGB im Interesse einer glatten und schematisierten Abwicklung der Vorgänge schlechthin ab, während Larenz (L 7, S. 35) diesen Gesichtspunkt hinter das Schutzbedürfnis des völlig Unmündigen und Hilflosen zurücktreten lassen will und auf die Einsichtsfähigkeit in die Bedeutung des sozialtypischen Verhaltens für die Beantwortung der Frage abstellen will, ob der Minderjährige — trotz des generellen Schutzes, der ihm im BGB zuteil wird — in diesen Fällen verpflichtet wird.

entscheidend, welcher Person der Leistungsträger beim Anbieten seiner Leistung und der Leistungsnehmer bei der Inanspruchnahme der Leistung sein Vertrauen in der Weise schenken darf, daß er erwarten kann, in diesem Vertrauen durch die Rechtsordnung Rechtsschutz zu genießen; entscheidend ist mithin, ob der ‚Vertreter' als „das alter ego, als bloßes Instrument des Geschäftswillens des Geschäftsherrn, als bloße Durchgangsstelle, oder als vertrauensfähige Person[65]" erscheint.

Zur Lösung dieser Frage, wer als „Vertrauensträger" anzusehen ist, scheinen sich mehrere Wege anzubieten. Zunächst könnte man daran denken, die „Verkehrsauffassung" entscheiden zu lassen. Damit wäre aber die Antwort nicht gegeben, sondern nur um eine Instanz verschoben, denn sofort stellte sich bei einer weiteren dogmatischen Untersuchung die Frage nach dem entscheidenden Gesichtspunkt in dieser Verkehrsauffassung, der den Eintritt der Rechtsfolge in der Person eines anderen bildet und rechtfertigt[66].

Eine andere Möglichkeit bestünde darin, die Neuschöpfung des Rechtsinstituts des sozialtypischen Verhaltens dadurch „in den Griff zu bekommen", daß man die Lösung des hier erörterten Problems außerhalb jeglichen positiven Anhalts im Gesetz sucht, und sie etwa in dem „sozialen Erscheinungsbild" des ‚Vertreters' und des ‚Vertretenen' zueinander findet. Macht man die Entscheidung der Frage, wer als Vertrauensträger anzusehen ist, von einem solchen sozialen Erscheinungsbild abhängig, so wird man notwendigerweise nach der sozialen und rechtlichen Stellung des Vertreters und des Vertretenen zu differenzieren haben — soziale Gleichordnung oder Unterordnung —, und auf Grund einer solchen Differenzierung dann konsequenterweise zu Gruppenbildungen kommen müssen.

Diesen Weg ist Ballerstedt[67] bei der Bearbeitung des Problemkreises der Haftung für culpa in contrahendo bei Geschäftsabschluß durch Stell-

---

[65] Ballerstedt, AcP 151, S. 511.
[66] So hat der Bundesgerichtshof (BGHZ 14, 117) für die Beantwortung der Frage, wer als Hersteller bei der Verarbeitung i. S. von § 950 BGB anzusehen ist, also für das Problem der fremdwirkenden Verarbeitung, die Verkehrsanschauung entscheidend sein lassen. Demgegenüber bemüht sich die Wissenschaft, die Wertmaßstäbe herauszuarbeiten, die diese Fremdwirkung tragen und die demgemäß auch der Verkehrsauffassung, falls sie das Zurechnungskriterium ist, zugrunde liegen. Aus der Fülle der divergierenden Meinungen nach dem tragenden Zurechnungsgesichtspunkt vgl. Westermann, Sachenrecht, § 53 III: Grundlage der Fremdwirkung ist die „soziale Stellung der Beteiligten".
Staudinger-Berg, § 950 Anm. 13: Fremdwirkung als „Reflexwirkung des Arbeitsverhältnisses". Herz, JherJhb 74, S. 17 ff: Fremdwirkung auf Grund der „von der Gültigkeit des Arbeitsvertrages unabhängigen personenrechtlichen Herrschaft des Unternehmers".
Einen Überblick über die Fülle der divergierenden Meinungen zu diesem Problemkreis gibt Laufke, a. a. O., S. 69 ff.
[67] AcP 151, S. 517 ff.

vertreter gegangen. Er unterscheidet unter dem Gesichtspunkt der Differenzierung nach der sozialen und rechtlichen Stellung des Vertreters und des Vertretenen drei Gruppen. 1. Gruppe: Der Vertreter ist in ein wirtschaftliches Unternehmen oder in einen privat- oder öffentlich-rechtlichen Verband organisatorisch derart eingegliedert, daß er als Persönlichkeit gleichsam in ihm aufgeht. Vertrauensträger ist in derartigen Fällen allein der Geschäftsherr, dementsprechend soll die Haftung allein den Vertretenen treffen. 2. Gruppe: Der Vertreter ist eine wirtschaftlich selbständige Person, die entweder ständig (etwa der Handlungsagent mit Abschlußbefugnis, vgl. § 84 HGB) oder auf Grund Einzelauftrags (z. B. Makler, Rechtsanwälte, Wirtschaftsprüfer) mit der Vorbereitung und dem Abschluß des Vertrages betraut ist. Innerhalb dieser zweiten Gruppe soll wiederum differenziert und sollen Untergruppen gebildet werden, je nachdem, wer trotz der sozialen Gleichordnung der Partner Träger des Verhandlungsvertrauens ist:

a) Der Geschäftsherr haftet, wenn er den Vertreter durch externe Vollmachterteilung bei dem Dritten eingeführt oder Angaben gemacht oder entgegengenommen hat, die der Vertreter nur übermittelt.

b) Der Vertreter selbst haftet in den Fällen, in denen er eine Vertrauenswerbung für sich persönlich entfaltet, und diese für das Verhandlungsverhalten des Dritten bestimmend wird (Fälle, in denen der Vertreter als besonderer Sachkenner in Erscheinung tritt). Daneben kann eine Haftung des Vertretenen in Analogie zu § 778 BGB als Bürge begründet sein.

c) Der Vertreter haftet schließlich allein, wenn er in Wahrheit die wirtschaftliche Partei ist, die eine ganz persönliche Vertrauenswerbung gegenüber dem Dritten entfaltet, und damit die Rolle eines bloßen Gewährmannes für den formellen Geschäftsherrn abgelegt hat, wie es in den Entscheidungen des Reichsgerichts RGZ 120, 252 und RGZ 159, 54 der Fall war.

Die 3. Gruppe bilden Fälle der gesetzlichen Vertretung durch den Inhaber elterlicher Gewalt, durch Vormund, Beistand oder Pfleger, ferner durch Konkurs-, Nachlaß- und Zwangsverwalter sowie durch Testamentsvollstrecker, unabhängig davon, ob man der Amts- oder Vertretertheorie folgt. In diesen Fällen haftet der gesetzliche Vertreter grundsätzlich allein für sein Verschulden beim Vertragsschluß.

Ein solcher Weg ist jedoch methodisch nur dann gangbar, wenn sämtliche Normen der verschiedenartigen gesetzlich geregelten Zurechnungssysteme auf Grund der jeweils andersartigen Interessenkonstellationen zur Lückenausfüllung nicht herangezogen werden können[68]. Zunächst ist

---

[68] Vgl. dazu auch Westermann, Interessenkollisionen, S. 7 f.

deshalb zu prüfen, ob nicht gesetzliche Bewertungen auf die im Wege der Rechtsfortbildung geschaffene Neuschöpfung des sozialtypischen Verhaltens übertragen werden können, weil sie diesen nicht geregelten Interessenlagen wesensähnlich sind.

Der Zurechnungsgrund für das Entstehen des Schuldverhältnisses aus sozialtypischem Verhalten ist die Gewährung und Inanspruchnahme gegenseitigen Vertrauens. Einen gesetzlich normierten Tatbestand, in dem Zurechnungsprobleme eine wesentliche Rolle spielen, stellt § 855 BGB dar. Übt jemand in einem der in dieser Bestimmung umschriebenen Verhältnisse die tatsächliche Gewalt für einen anderen aus, so ist nur dieser andere Besitzer. Die Rechtsfolge des Besitzers tritt also in der Person des Besitzherrn ein. Das Zurechnungskriterium für diese Fremdwirkung auf der tatsächlichen Ebene liegt nach heute wohl einhelliger Auffassung[69] in den in § 855 BGB umschriebenen Verhältnissen zwischen Besitzherrn und Besitzdiener begründet, die als „soziale Abhängigkeitsverhältnisse" bezeichnet werden. Wird die Vertrauensbeziehung, aus der das Schuldverhältnis des sozialtypischen Verhaltens erwächst, durch den Eingriff in ein fremdes Rechtsgut begründet[70], und ist das wesentliche, ja entscheidende Mittel dieses Eingriffs ein Sachmittel — im Parkplatzfall das Kraftfahrzeug —, das ein Besitzdiener für einen anderen, nämlich den Besitzherrn, innehat, tritt also die Person vollständig in den Hintergrund, so ist auch *dieses Vertrauen, das durch den Eingriff eines solchen Sachmittels hervorgerufen wird,* nicht auf den Besitzdiener, sondern auf den Besitzherrn gerichtet. Ein solches Vertrauen, das durch den Eingriff eines zu einem Organisationsverhältnis gehörenden Sachmittels begründet wird, richtet sich gegen den Inhaber dieses Organisationsverhältnisses und verdient deshalb nach der Lehre vom sozialtypischen Verhalten als solches auch den vollen Schutz der Rechtsordnung. Insofern stellt sich das in § 855 BGB umschriebene Organisationsverhältnis nicht nur als ein Vertrauensverhältnis im *Innenverhältnis* dar[71], sondern es begründet vielmehr auch im *Außenverhältnis* bei der Inanspruchnahme

---

[69] Vgl. Westermann, Sachenrecht, § 10 II und JuS 1961, S. 80; Wolff-Raiser, S. 20; Staudinger-Seuffert, § 855 Anm. 6; Kregel, RGRK § 855 Anm. 5; Planck-Brodmann, § 855 Anm. 2, Palandt-Hoche, § 855 Anm. 1; Bruns, S. 143; Rümelin, AcP 93, S. 267; Schulze, Gruch 64, S. 414; Ballerstedt, AcP 151, S. 509; Zeuner, JZ 1955, S. 196. Aus der Rechtsprechung: RGZ 71, 251; 77, 209; 94, 341; RG in HRR 1933, Nr. 923; RG in Recht 1923, Nr. 348. Nachweise über vereinzelt abweichende und modifizierte, in der Regel ältere Ansichten, bringt Keith, a. a. O., S. 49 ff.

[70] Vgl. oben 3. Abschnitt, Kapitel 1, § 2 dieser Arbeit.

[71] Vgl. dazu Eichler, a. a. O., S. 38 ff, mit zahlreichen Nachweisen aus Literatur und Rechtsprechung.

von Leistungen im Bereich der Daseinsvorsorge eine gleiche Vertrauensgrundlage mit der Folge entsprechender Fremdwirkungen.

Entscheidend ist also, daß ein Besitzdiener i. S. von § 855 BGB mittels einer Sache des Besitzherrn die Leistung des Unternehmers in Anspruch nimmt. Eine Fremdwirkung bei dem Verpflichtungsverhältnis des sozialtypischen Verhaltens ist also nur dann zuzulassen und tritt nur dann ein, wenn die Inanspruchnahme der Leistung mit den zu dem Organisationsbereich des Vertretenen gehörenden Sachmitteln erfolgt, so daß der „Vertreter" in bezug auf dieses Sachmittel als ausführendes Werkzeug des Besitzherrn, des Unternehmers, erscheint.

Daraus ergibt sich eine erste wichtige Folgerung: Geschieht der Eingriff in das fremde Rechtsgut *unabhängig von der Innehabung solcher Sachmittel*, dann tritt eine Fremdwirkung nicht ein. Das mag folgender Fall erläutern. Ein Arbeiter fährt mit seinem Lkw auf einen Parkplatz, um ihn dort zu parken. Da beim späteren Anlassen des Wagens die Batterie ihren Dienst versagt, fährt er mit der Straßenbahn zu seiner Firma zurück, um von dort eine neue Batterie zu holen, die er in seinen Lkw einbauen will. In diesem Falle ist das Verpflichtungsverhältnis auf dem Parkplatz durch einen Eingriff mittels eines Sachmittels entstanden, das der Fahrer als Besitzdiener nur für den Besitzherrn innehatte. Im Falle der Straßenbahnfahrt fehlt es an der Innehabung eines solchen Sachmittels, das Schuldverhältnis kommt also direkt zwischen dem Lkw-Fahrer und dem Straßenbahnunternehmer zustande. Entscheidend ist also die Innehabung der Sachmittel durch einen Besitzdiener i. S. von § 855 BGB.

Denn diese Sachmittel sind notwendiges Bindeglied für eine Fremdwirkung im Rahmen eines Organisationsverhältnisses, da sie die für das Entstehen des Rechtsinstituts des sozialtypischen Verhaltens notwendige Vertrauensmittlung im Außenverhältnis bilden.

Aus dieser Erkenntnis ergibt sich eine zweite wesentliche Begrenzung für die Zulassung einer Fremdwirkung. Steht der Besitzdiener nicht in einem solchen sozialen Abhängigkeitsverhältnis, d. h. liegt der soziale Tatbestand der Eingliederung in einen fremden Herrschaftsbereich i. S. von § 855 BGB nicht vor, dann tritt eine Fremdwirkung *mangels eines entsprechenden Vertrauenstatbestandes im Außenverhältnis*, der das Fundament des Schuldverhältnisses aus sozialtypischem Verhalten bildet, nicht ein. Das mag folgender Fall verdeutlichen. Fährt jemand den geliehenen Wagen eines Bekannten auf den Parkplatz, ohne in ein entsprechendes in § 855 BGB umschriebenes Organisationsverhältnis eingegliedert zu sein, dann wird der Fahrer des Wagens, da er alleiniger Vertrauensträger ist, und kein anderer verpflichtet. Ein Besitzmittlungsverhältnis, das beispielsweise im Falle der Leihe oder eines ähnlichen in § 866 BGB umschriebenen Verhältnisses vorliegt, ist also auf Grund der lockeren Verknüpfung nicht geeignet, neben dem Besitzmittler als dem unmittelbar Eingreifenden den mittelbaren Besitzer *im Außenverhältnis* als Vertrauensträger hinsichtlich des Eingriffs in das fremde Rechtsgut erscheinen zu lassen. Die Möglichkeit einer Fremdwirkung scheitert in diesem Falle an einem entsprechenden, auf den Bereich der Daseinsvorsorge bezogenen Vertrauenstatbestand im Außenverhältnis.

Die Möglichkeit, daß durch eine Handlung des Besitzdieners in der Person des Besitzherrn schuldrechtliche Rechte und Pflichten begründet werden können, findet sich, in den Rechtsfolgen vergleichbar, auch an anderer Stelle des Gesetzes, nämlich bei dem Rechtsinstitut des Fundes i. S. der §§ 965 ff BGB. Nach heute wohl einhelliger Auffassung[72] ist Finder nicht unbedingt und ausschließlich derjenige, der die Sachherrschaft erwirbt; der Besitz kann auch durch Besitzdiener begründet werden, so daß Finder i. S. von §§ 965 ff. BGB der Besitzherr ist, und demgemäß auch in seiner Person das gesetzliche Schuldverhältnis mit den Pflichten aus den §§ 965, 966 und 967 BGB und den Rechten aus den §§ 970 und 971 BGB entsteht. Der wesentliche Unterschied der Fremdwirkung liegt allerdings, wie ausgeführt, in den Voraussetzungen begründet.

Zusammenfassend läßt sich also sagen, eine Fremdwirkung ist bei dem Schuldverhältnis des sozialtypischen Verhaltens dann zuzulassen, wenn der Eingriff, der die Grundlage der Vertrauensbeziehung bildet, mittels eines von einem Besitzdiener i. S. von § 855 BGB beherrschten Sachmittels geschieht. In diesem Rahmen wirken die Handlungen des Besitzdieners auf die Rechtssphäre des Besitzherrn ein. Aus diesem Grunde ist auch die Entscheidung des Bundesgerichtshofs in NJW 1965, 387 im Ergebnis zutreffend, wenn sie nicht die einzelnen Fahrer des Busunternehmers, die ihre Busse auf dem Omnibusbahnhof geparkt haben, zur Zahlung der Parkgebühr für verpflichtet erklärt, sondern ausspricht, daß das Verpflichtungsverhältnis in der Person des Unternehmers entstanden ist. Konsequenterweise ist deshalb auf der anderen Seite auch nicht der einzelne Parkwächter, der den Busfahrer in eine Parklücke eingewiesen hat, Subjekt dieses Rechtsverhältnisses, sondern das Verpflichtungsverhältnis entsteht zwischen dem Unternehmer und der Stadt als Besitzerin der

---

[72] Vgl. Westermann, Sachenrecht, § 59 I 3; Staudinger-Berg, § 965 Anm. 18; Kregel, RGRK § 965 Anm. 9; Soergel-Oechßler, § 965 Anm. 3; Wolff-Raiser, § 82 II; Baur, Sachenrecht, § 53 g II 2; Erman-Hefermehl, § 965 Anm. 2; Palandt-Hoche, Vorbem. 1 b vor §§ 965 ff. a. A. lediglich: Lassaly, Jur. Rundschau 1927, S. 349. Vgl. aus der Rechtsprechung: BGHZ 8, 130; OLG Breslau in OLG 41, 159; LG Frankfurt in NJW 1956, 873. Die Entscheidung des Landgerichts Dresden in Sächs. Arch. f. Rechtspflege 1914, S. 353, das § 855 BGB auf § 965 BGB nicht anwenden will, ist heute überholt.

Parkfläche, da die Parkordner als Besitzdiener im Sinne von § 855 BGB nur „Vertrauensmittler, nicht jedoch „Vertrauensträger" sind[73].

Ob man die Mitwirkung des Besitzdieners als Vertretung oder als Gehilfenschaft bezeichnet, ist eine Frage der Terminologie und als solche von untergeordneter Bedeutung. Um in wissenschaftlichen Auseinandersetzungen Mißverständnisse zu vermeiden, und die dogmatische Andersartigkeit zu der rechtsgeschäftlichen Stellvertretung der §§ 164 ff BGB zu betonen, wird es jedoch besser sein, den Terminus „Gehilfenschaft" zu verwenden[74].

§ 4 Mögliche Einwände gegen die Zulassung einer Fremdwirkung — Kritische Würdigung dieser Einwände

Hatte die dogmatische Analyse des Verpflichtungsverhältnisses aus sozialtypischem Verhalten ergeben, daß eine Fremdwirkung im Rahmen eines sozialen Abhängigkeitsverhältnisses, beschränkt auf die Vertrauensmittlung durch Sachmittel, zuzulassen ist, so bleibt indessen noch zu prüfen, ob gegen die Zulassung einer solchen Gehilfenschaft[75] nicht anderweitige Bedenken bestehen, die eine solche Fremdwirkung verbieten könnten.

Als erstes könnten aus dem Gesichtspunkt der Notwendigkeit einer glatten und zügigen Abwicklung dieser massentypischen Leistungsverhältnisse Bedenken gegen die Zulassung einer Fremdwirkung hergeleitet werden. Denn das aus der kollektiven Regelung erwachsene Bedürfnis nach dem schematisierten Ablauf dieser Leistungsverhältnisse verlangt, daß die Parteien den Anspruch aus dem Verpflichtungsverhältnis an Ort und Stelle verwirklichen. Im Falle einer Fremdwirkung ist aber Berechtigter und Verpflichteter dieses Schuldverhältnisses der Geschäftsherr, also eine Person, die nicht gegenwärtig ist und deshalb auch den Anspruch auf Zahlung, als der primären Leistungspflicht nicht augenblicklich zu befriedigen vermag, während der tatsächlich anwesende Besitzdiener weder berechtigt noch verpflichtet ist.

Es ist aber zu bedenken, daß die „Vertrauensmittler" beider Parteien durch das zwischen ihnen und den „Vertrauensträgern" zugrunde lie-

---

[73] Vgl. auch die Entscheidungen des Bundesgerichtshofs in NJW 1956, 1475 (Parkplatzfall) und in NJW 1957, 627 (Elektrizitätsfall), die also im Ergebnis mit der hier vertretenen Auffassung, die aus der dogmatischen Analyse erarbeitet wurde, übereinstimmen.

[74] Die herrschende Lehre bezeichnet die Mitwirkung eines Dritten bei Tathandlungen grundsätzlich als Gehilfenschaft; vgl. statt vieler Lehmann, AT, S. 290.

[75] Oben (S. 54) war die Mitwirkung eines Dritten bei dem Rechtsinstitut des sozialtypischen Verhaltens nicht als „Stellvertretung", sondern als „Gehilfenschaft" bezeichnet worden.

gende Vertragsverhältnis — Arbeitsvertrag, Dienstvertrag — gehalten sind, die Verpflichtung aus diesen Schuldverhältnissen sofort an Ort und Stelle zu erfüllen, d. h. die angebotene Leistung zur Verfügung zu stellen und die entsprechende Benutzungsgebühr zu bezahlen, so daß auf Grund dieser rechtlichen Beziehung die glatte und ohne Verzögerung durchzuführende Abwicklung dieser Vorgänge nie in Frage gestellt ist.

Sollte jedoch ein Vertrauensmittler in Ausnahmefällen die sofortige Erfüllung der Zahlungsverpflichtung verweigern, dann wird es sich um ähnlich gelagerte Fälle wie in dem Fall der Entscheidung des Bundesgerichtshofs in BGHZ 21, 319 ff handeln; die Verweigerung der Zahlung wird durch divergierende Rechtsauffassungen bedingt sein. Liegen jedoch solche divergierenden Rechtsauffassungen vor, und wird auf Grund dessen der Klageweg beschritten, so ist es unter dem entscheidenden Gesichtspunkt der zügigen Abwicklung dieser Verhältnisse gleichgültig, ob der Benutzer selbst oder ein Dritter aus dem Benutzungsverhältnis berechtigt und verpflichtet wird, da in jedem Falle der kollektive Ablauf dieser Vorgänge unterbrochen ist, und es durch Vertrauensmittler nicht zu häufigeren Leistungsverweigerungen kommt als durch Vertrauensträger selbst.

Aus dem praktischen Bedürfnis einer uniformen und zügigen Abwicklung dieser Leistungsverpflichtungen kann also ein Einwand gegen die Zulässigkeit einer Fremdwirkung im Bereich der Daseinsvorsorge nicht hergeleitet werden.

Da in den in diesem Abschnitt gebildeten Fällen die Besitzdiener auf Grund der Fremdwirkung weder Gläubiger noch Schuldner hinsichtlich der primären Leistungspflicht in einem *eigenen* Schuldverhältnis sind, soll die Frage aufgeworfen werden, welche Rechte diese „Dritten" bei Personenschäden infolge mangelhafter Leistung des Schuldners bzw. bei ungenügender Sicherung der Gläubigersphäre haben. Zur Verdeutlichung der Sachproblematik mag folgender Fall dienen: Der Parkordner eines Parkplatzes weist ein Kraftfahrzeug in eine Parklücke ein; infolge Unaufmerksamkeit des Parkordners wird dabei ein anderer Lkw-Fahrer, der seinen Wagen schon geparkt hat und neben seinem Lkw steht, angefahren und verletzt. Erwähnt sei auch der umgekehrte Fall: Ein Kfz-Fahrer, der einen Parkplatz aufgesucht hat, fährt infolge Fahrlässigkeit den Parkordner an und verletzt ihn.

Die aufgezeigte Problematik geht über die eigentliche Thematik dieser Arbeit, die sich nur mit der Möglichkeit und Zulässigkeit einer Fremdwirkung bei den Schuldverhältnissen aus sozialtypischem Verhalten zu beschäftigen hat, weit hinaus, da sie die Frage nach dem Inhalt dieser Verpflichtungsverhältnisse stellt. Jedoch soll die Richtigkeit des oben[76]

---

[76] s. oben S. 52 dieser Arbeit.

erarbeiteten Ergebnisses — Fremdwirkung durch Vertrauensmittlung seitens eines Besitzdieners, beschränkt auf Vertrauensmittlung durch Sachmittel — auch von dieser Seite her in dogmatischer Hinsicht wenigstens berührt und auch vom praktischen Ergebnis her unter Beweis gestellt werden.

Die hier aufgerissene Frage kreist um die Problematik der sog. „Verträge mit Schutzwirkung für Dritte[77]", die wegen der Enge der haftungsrechtlichen Bestimmung des § 831 BGB auf der einen und der allgemeinen Mittellosigkeit des Täters auf der anderen Seite für die Rechtsprechung und ihr folgend für die Wissenschaft so aktuell wurde und auch für die hier untersuchten Fallgruppen von Bedeutung ist.

Um aus diesem Dilemma der „rechtlichen Nichtpfändbarkeit" des Geschäftsherrn und der „tatsächlichen Nichtpfändbarkeit" des Verrichtungsgehilfen heraus- und in den Anwendungsbereich des § 278 BGB hineinzukommen, hat die Rechtsprechung und Wissenschaft bekanntlich verschiedene Wege gesucht und auch gefunden, wobei immer wieder von den verschiedensten Stellen angezweifelt wurde, ob der begangene auch der richtige ist.

Grundsätzlich kann man die Vielfalt der Meinungen in der Wissenschaft und die in ihrer Begründung wechselnden Entscheidungen der Gerichte[78] in zwei Hauptgruppen unterteilen: in die Subjektivisten und in die Objektivisten.

Die Subjektivisten versuchen die Lösung des Problems, den schutzbedürftigen und schutzwürdigen Dritten bei Personenschäden nicht weniger Rechte zu geben als den an dem Schuldverhältnis unmittelbar beteiligten Gläubigern selbst, aus dem, irgendwie gearteten, Parteiwillen der Vertragspartner abzuleiten, der dann, wie so oft[79], die „Brücke zum Ziel[80]" der angestrebten Haftungsausdehnung bilden muß.

Dieser Weg über das subjektive Kriterium des Parteiwillens wird in vier verschiedenen Varianten begangen.

1. Variante: Gläubiger und Schuldner vereinbaren „stillschweigend" in ihrem Verpflichtungsvertrag eine Drittberechtigung i. S. von § 328 BGB zugunsten des im Einzelfall geschädigten, aber für schutzwürdig be-

---

[77] Dieser Terminus, der von Larenz (Schuldrecht, S. 126; vgl. ferner NJW 1956, 1193 und NJW 1960, 77) geprägt und teilweise auch in der Rechtsprechung (vgl. BGH VersR 1955, S. 740 ff; BGHZ 24, 325 ff; BGH NJW 1959, 1676; BGH NJW 1964, 33) verwandt wurde, soll wegen seiner Geläufigkeit nur die Problematik verdeutlichen, ohne daß Verfasser sich in materieller Hinsicht der dahinter stehenden Lehrmeinung anschließen will.

[78] Einen umfassenden Überblick gibt Gernhuber, a. a. O., S. 249 ff.

[79] Auch hier gilt der Satz: „Legt Ihr's nicht aus, so legt Ihr's unter."

[80] So Gernhuber, a. a. O., S. 261.

fundenen Dritten, so vereinbaren der Hauseigentümer und der Mieter neben dem eigentlichen Mietvertrag einen Drittberechtigungsvertrag zugunsten der Angehörigen des Mieters einschließlich der Reinemachefrau[81], ferner Mieter und Vermieter eines Leihwagens einen Drittberechtigungsvertrag zugunsten aller Fahrtteilnehmer[82].

2. Variante: Da die Annahme eines solchen stillschweigend vereinbarten berechtigenden Vertrages zugunsten eines Dritten zu offensichtlich den „peinlichen Eindruck[83]" einer Fiktion erweckt, wird § 328 Abs. II BGB bemüht, der „in Ermangelung einer besonderen Bestimmung aus den Umständen, insbesondere aus dem Zweck des Vertrages" entnehmen läßt, „ob der Dritte das Recht erwerben soll". Diese Auffassung kommt über das objektive Kriterium des Vertragszwecks und das subjektive Kriterium des hypothetischen Parteiwillens zu der angestrebten Drittberechtigung i. S. von § 328 BGB und somit zum Schutz des verletzten Dritten[84].

Eine 3. Variante schließlich bemüht § 157 BGB zur Legitimation der Drittberechtigung, wobei der subjektiven Theorie gefolgt und dem hypothetischen Parteiwillen auch hier Bedeutung zugemessen wird[85].

Während die bislang aufgezeigten Meinungen teils über den wirklichen, teils über den hypothetischen Parteiwillen zu einer Drittberechtigung i. S. von § 328 BGB und somit konsequenterweise auch zu einem Anspruch des schutzbedürftigen Dritten hinsichtlich der primären Leistungspflicht, also zu einem Anspruch auf die Leistung selbst kommen, — sämtliche Besucher einer Veranstaltung z. B. haben nach dieser Rechtsprechung einen Anspruch gegen den Saalbesitzer auf Überlassung des Saales — lehnt Larenz[86] die Rechtsprechung derartiger Drittberechtigungen i. S. von § 328 BGB als „typischen Fall des konstruktiven Mißbrauchs eines Rechtsinstituts zu dem Zweck, ein als erwünscht angesehenes Ergebnis mit einer scheinbar dem Gesetz entsprechenden Be-

---

[81] Vgl. RGZ 127, 222.
[82] Vgl. RGZ 87, 65. Aus der umfangreichen Rechtsprechung vgl. ferner die Entscheidungen des Reichsgerichts in SoergelRspr 08, § 328 Nr. 3; Recht 1924 Nr. 161; HRR 1930 Nr. 2061; HRR 1935 Nr. 324. Zur Darstellung der zahlreichen Fallgruppen vgl. Westermann bei Erman, § 328 Anm. 7 (Aufzählung alphabetisch geordnet).
[83] So Enneccerus-Lehmann, § 35 I 1.
[84] Vgl. hierzu die Entscheidungen des Reichsgerichts in JW 1915, 916; JW 1930, 3092; HRR 1932 Nr. 1831; JW 1937, 94.
[85] Vgl. z. B. die Entscheidung des Bundesgerichtshofs in NJW 1954, 874 = VersR 1954, 223. Weitere Nachweise über die Entscheidungen der Rechtsprechung — auch die der Instanzgerichte — gibt Gernhuber, a. a. O., S. 253 ff.
[87] a. a. O.
[86] Erstmalig in Lehrbuch, 1. Aufl. 1953, S. 139 ff; vgl. auch in NJW 1956, 1193.

gründung zu versehen", ab[87]. Er teilt im Anschluß an Stoll[88] die Pflichten aus einem Schuldverhältnis in primäre Leistungspflichten und findet über § 157 BGB den Inhalt des hypothetischen Parteiwillens der Vertragsparteien in einem sog. „Vertrag mit Schutzwirkung für Dritte[89]", d. h. der Schuldner ist nicht zur vertragsmäßigen Leistung an den Dritten verpflichtet, wohl aber zur Beobachtung der erforderlichen Sorgfalt, sofern diese Dritten durch die Art der Ausführung der primären Leistungspflichten in Mitleidenschaft gezogen werden können. Larenz teilt also über § 157 BGB in ausschließlich dem Gläubiger vorbehaltene und in dem Dritten zugewandte Rechte, um auf diese Weise dem Schutzbedürfnis des Dritten Rechnung tragen zu können, ohne aber gleichzeitig die Pflichten des Schuldners ungebührlich überspannen zu müssen. Diese Lehrmeinung hat die Anerkennung der neueren Rechtsprechung[90] und eines Teils der Wissenschaft[91] gefunden.

Die „Subjektivisten", die die Lösung des Problems in dem stillschweigenden oder auch hypothetischen Parteiwillen suchen, sind jedoch auf mancherlei Widerspruch gestoßen.

Man wirft ihnen vor, eine dogmatisch saubere Konstruktion dürfe nicht auf einem fiktiven Parteiwillen aufbauen, da sie sonst ihre innere Wahrhaftigkeit verliere, zum anderen aber auch die Möglichkeit bestünde, daß die Parteien die aus ihrem hypothetischen Willen abgeleitete Schutzwirkung durch ihren ausdrücklich erklärten Willen wiederum vertraglich ausschlössen, ohne daß dieser Ausschluß gem. § 138 BGB in allen Fällen sittenwidrig ist[92]. Dieser Weg könne in eine Situation führen, in der man, das Schutzbedürfnis des Dritten im Auge, genötigt sei zu sagen: „Die Geister, die ich rief, werd' ich nicht mehr los".

Vor allem aber, und gerade dieser Gesichtspunkt trifft auf die hier untersuchten Schuldverhältnisse kraft sozialtypischen Verhaltens zu, reicht das Schutzbedürfnis des Dritten weit über den Kreis der Rechtsgeschäfte hinaus. Es ist neben den hier untersuchten Verpflichtungsver-

---

[87] a. a. O.
[88] Die Lehre von den Leistungsstörungen, Tübingen 1936.
[89] Larenz, a. a. O.
[90] Vgl. BGHZ 24, 325 = NJW 1957, 1187 = JZ 1957, 474 = VersR 1957, 455; BGH in NJW 1959, 1676 = JZ 1960, 124.
[91] Vgl. Fikentscher, Schuldrecht, § 37 IV; Westermann bei Erman, § 328 Anm. 6; Esser, § 88, 1; Danckelmann bei Palandt, § 328 Anm. 2 b; Wilde in RGRK, § 328 Anm. 6; Weimar, VersR 1960, S. 777; mit gewissen Einschränkungen auch von Caemmerer, a. a. O., S. 59 f.
[92] Vgl. die Entscheidung des OLG Kiel in SchleswHolstAnz 1936, S. 123 ff, in der eine Drittberechtigung abgelehnt wird, weil die Parteien eine Gefährdung Dritter bewußt in Kauf genommen haben. Vgl. auch Kallfelz, JW 1937, 95; Wesenberg, a. a. O., S. 141; Gernhuber, a. a. O., S. 265; Blomeyer, L 3, S. 259, die sämtlich auf diese Gesichtspunkte hinweisen.

hältnissen genauso bei dem Schuldverhältnis der Geschäftsführung ohne Auftrag wie bei den Verbindlichkeiten aus unerlaubter Handlung oder ungerechtfertigter Bereicherung zu finden[93]. Deshalb ist das subjektive Moment des Parteiwillens ein ungenügendes Zurechnungskriterium. Es ist vielmehr objektiv zu bestimmen. Dazu und somit zur Lösung der hier aufgeworfenen Frage bieten sich zwei Wege an.

1. Der Drittanspruch schutzbedürftiger Personen kann heute, angesichts der langen und stetig geübten Praxis der Rechtsprechung[94] als gewohnheitsrechtlich gesicherter Bestandteil unserer Rechtsordnung angesehen werden. Sein Umfang wird dadurch bestimmt, ob „die Leistung im Schuldverhältnis inhaltlich drittbezogen ist[95]", oder wie Gernhuber[96] formelt, ob „die mit einer Leistung verbundenen Gefahren nach der Anlage des Schuldverhältnisses einen Dritten mindestens ebenso stark wie den Gläubiger treffen, und ob die mit einer ungenügenden Sicherung der Gläubigersphäre verbundenen Gefahren einen Dritten schuldnergleich treffen, weil er unter Billigung des Schuldverhältnisses die Leistung für den Gläubiger erbringt."

Stellt man auf die Drittbezogenheit in der Anlage des Schuldverhältnisses als entscheidenden Wertungsfaktor ab, so dürfte es wohl unproblematisch sein, diese Drittbezogenheit bei den Rechtsverhältnissen im Bereich der Daseinsvorsorge, in denen die Leistung durch „Vertrauensmittler mittels Sachmittel" in Anspruch genommen wird, zu finden. Derartige Leistungsverhältnisse lassen sich geradezu als Schulfall dieser Drittbezogenheit bezeichnen[97].

Eine zweite Möglichkeit, den Anspruch des schutzbedürftigen Dritten dogmatisch auf eine objektiv-rechtliche Basis zu stellen, ergibt sich, wenn

---

[93] Beispiele zu den einzelnen Schuldverhältnissen bringt Gernhuber, a. a. O., S. 264 ff. So auch den folgenden Fall: Auf Bestellung des Wohnungsinhabers führt der Glaser X Glaserarbeiten aus. Dabei wird die Frau des Wohnungsinhabers verletzt. Soll es nun einen Unterschied machen, ob die Glaserarbeiten auf Bestellung des Wohnungsinhabers ausgeführt werden, oder weil sie dem Wohnungsinhaber nach einer unerlaubten Handlung des Glasers als Naturalrestitution geschuldet werden?

[94] Als älteste höchstrichterliche Entscheidungen ergingen, soweit ersichtlich: RGZ 59, 197 ff (1905); das Reichsgericht lehnt in diesem Fall jedoch die Anwendung der §§ 328 ff BGB ab, da es sich um einen Fall ärztlicher Betreuung auf öffentlich-rechtlicher Basis handelte; RG in SoergelRspr 08, § 328 Nr. 3 (1908); RG in JW 1915, 916 = Gruch 60, S. 127 = WarnRspr 1915 Nr. 203 (1915); RGZ 91; 21 ff (1918). Vgl. auch die Entscheidungen der Oberlandesgerichte Hamburg in OLG 23, 46 (1911); Colmar in Recht 1914, Nr. 327 (1914); Celle in LZ 1917, S. 77 (1917).

[95] So Blomeyer, Schuldrecht, S. 259.

[96] a. a. O., S. 270.

[97] Die hier aufgezeigte Lösung wird, ohne daß allerdings auf die Problematik der Schuldverhältnisse aus sozialtypischem Verhalten eingegangen wird, von Gernhuber, a. a. O., S. 269 ff und von Blomeyer, Schuldrecht, S. 257 ff vorgeschlagen.

man in diesen Fällen eine Leistungsbeziehung auf Grund eines faktischen Vertrages i. S. Haupts[98] annimmt, die dem Schuldner neben den Vertragspflichten gegenüber dem eigentlichen Vertragspartner — Angebot bzw. Inanspruchnahme der Leistung der Daseinsvorsorge durch die „Vertrauensträger" — gewisse Schutzpflichten zugunsten dritter Personen — den „Vertrauensmittlern" — auferlegt, die berechtigterweise auf die ordnungsgemäße Erfüllung des Vertrages durch den Schuldner vertrauen[99].

Welcher dieser beiden Lösungen, die den Anspruch des schutzbedürftigen Dritten auf eine objektiv-rechtliche Basis stellen und von dem subjektiven Moment des Parteiwillens unabhängig machen, der Vorzug zu geben ist, kann im Rahmen dieser Arbeit nicht untersucht werden. Nur soviel sollte herausgearbeitet werden: Die Zulassung einer Fremdwirkung bei den Verpflichtungsverhältnissen aus sozialtypischem Verhalten hindert nicht, die Interessen der schutzbedürftigen und schutzwürdigen Dritten, des Vertrauensmittlers, auf dogmatisch sauberem Wege zu berücksichtigen. So erweist sich das oben erarbeitete Ergebnis auch unter dem Gesichtspunkt der Analyse dieser Einzelprobleme als dogmatisch brauchbar, und seine Richtigkeit ist auch von der praktischen Seite her unter Beweis gestellt.

Ein Vorteil für die Zulassung einer Fremdwirkung im Rahmen eines Organisationsverhältnisses liegt ferner auf zivilprozeßrechtlichem Gebiet. Nach dem hier erarbeiteten Ergebnis können die Vertrauensmittler als weisungsgebundene und ausführende Werkzeuge des Willens der Vertrauensträger bei später entstehenden Rechtsstreitigkeiten nie mit einem Zivilprozeß wegen ausstehender Benutzungsgebühren, die in *Ausführung von Dienstverrichtungen* fällig geworden sein sollen — Parkgebühren, Telephongebühren —, überzogen werden. Beklagter und Prozeßpartei bleibt der Unternehmer. Im — evtl. — sich anschließenden Zwangsvollstreckungsverfahren kann nicht gegen den einzelnen Vertrauensmittler, sondern nur gegen den Dienstherrn vollstreckt werden. Praktische Bedeutung kann dieses Ergebnis im Unternehmerkonkurs bekommen. Wäre der Vertrauensmittler Schuldner im Vollstreckungsverfahren, dann wäre sein im Innenverhältnis aus den §§ 670, 675 BGB bestehender Anspruch gegen den Unternehmer zwar auf Grund § 61 Ziff. 1 KO, der in diesem Falle Anwendung findet[100], vorzugsweise

---

[98] a. a. O., S. 9 ff.
[99] Diesen Weg schlägt in einem weiteren Rahmen Haupt, a. a. O., S. 9 ff, vor. Dafür ferner Enneccerus-Lehmann, § 35 I 1, obwohl er im übrigen die Lehre von den faktischen Vertragsverhältnissen entschieden ablehnt. Vgl. Enneccerus-Lehmann, § 26 IV, und die oben S. 15 Fn 19 angeführten Fundstellen. Zustimmend ferner: Wesenberg, a. a. O., S. 141; Wieacker, ZAkDR 1943, S. 33 ff.
[100] Vgl. Jäger-Lent, § 61 Anm. 16 a; Mentzel-Kuhn, § 61 Anm. 42.

zu berichtigen, jedoch ist durch das hier erarbeitete Ergebnis schon die Möglichkeit einer Gefährdung dieses Anspruchs aus §§ 670, 675 BGB generell ausgeschlossen.

Zwischenergebnis

Auf den objektiven Verpflichtungstatbestand des sozialtypischen Verhaltens kann die Normengruppe der gewillkürten Stellvertretung der §§ 164 ff BGB auf Grund der völlig andersartigen Zurechnungskriterien — Willensautonomie in dem einen, Beanspruchung gewährten Vertrauens in dem anderen Falle — nicht angewandt werden. Da das Schuldverhältnis aus sozialtypischem Verhalten seine Grundlage in der Gewährung und Inanspruchnahme von Vertrauen findet, gegründet auf den sinnbezogenen und typisierten Eingriff in ein fremdes Rechtsgut, ist eine Fremdwirkung nur im Rahmen eines sozialen Abhängigkeitsverhältnisses, das sich auch im Außenverhältnis als Vertrauensverhältnis darstellt, beschränkt auf Vertrauensmittlung durch Sachmittel, zuzulassen. Eine solche Fremdwirkung stört weder den notwendig typisierten Ablauf dieser Leistungsbeziehungen, noch ist das Schutzbedürfnis der Vertrauensmittler bei Personenschäden durch ungenügende Sicherung der Gläubigersphäre beeinträchtigt. Neben der dogmatischen Notwendigkeit einer Fremdwirkung liegt ferner ein praktischer Vorteil im Zivilprozeß und Konkursverfahren begründet.

Zweites Kapitel

Fremdwirkung durch Abgabe einer ausdrücklichen Willenserklärung im Bereich der Daseinsvorsorge

Ein Mann fährt einen Wagen auf einen Parkplatz und sagt zu dem Parkordner, er sei der Freund des Herrn X und möchte den Wagen des Herrn X für Herrn X parken, wogegen der Parkordner keine Einwände erhebt. Dieser gewiß nicht alltägliche Fall, in dem ausdrückliche Erklärungen im Bereich der Daseinsvorsorge abgegeben werden, soll Ausgangspunkt für die Untersuchung der zweiten Fallgruppe bilden.

Da das sozialtypische Verhalten, wie oben[1] dargelegt, einen rein objektiven Tatbestand darstellt, der dogmatisch in das System der Realakte — im Wege dogmatischer Rechtsfortbildung wurde der Begriff zweiseitiger Realakt geprägt — einzugliedern ist, und deshalb auch ausdrücklich entgegenstehende Erklärungen die konstitutive Wirkung des Handelns nicht beeinträchtigen können, wenn sie ein sinnbezogenes Verhalten darstellen, so ist zu untersuchen, ob der Wille, der die Rechtsfolge in der Person eines anderen als des sich sozialtypisch Verhaltenden entstehen lassen will, in diesem Fall beachtlich ist, oder ob auch dieser Wille auf Grund der konstitutiven Wirkung des tatsächlichen Verhaltens unerheblich ist.

§ 1 Die Gründe für die Abkehr von dem Institut des Rechtsgeschäfts im Bereich der Daseinsvorsorge — Kritische Würdigung dieser Gründe unter dem Gesichtspunkt der gewillkürten Stellvertretung

Die Lehre vom sozialtypischen Verhalten hat in Abwehr der herkömmlichen Dogmatik für die Notwendigkeit der Rechtsfortbildung eine Reihe von Einwänden vorgetragen, deren Überzeugungskraft für die oben genannte Fallgruppe zu prüfen ist.

a) Die Lehre vom sozialtypischen Verhalten sieht den Ausgangspunkt für die Notwendigkeit der Rechtsfortbildung in den gewandelten soziologischen und ökonomischen Voraussetzungen des Vertragsbegriffes, und den Schwerpunkt ihrer Lehre in der Abkehr von einer unzureichenden

---

[1] s. Abschnitt 2, Kapitel 2, § 2 dieser Arbeit.

Rechtsdogmatik der Willenserklärung für die eigenstrukturierten massenförmigen Rechtsverhältnisse der Daseinsvorsorge.

Während der äußere Tatbestand der Willenserklärung — ein Verhalten, das auf ein Vorhandensein eines auf rechtliche Wirkung zielenden Geschäftswillens schließen läßt[2] — im Bereich der Daseinsvorsorge auf Grund der Typizität eines solchen Verhaltens vorhanden sei, fehle es jedoch gerade deshalb an dem inneren Tatbestand der Willenserklärung im herkömmlichen dogmatischen Sinn, da die Willensbildung des die Leistung in Anspruch nehmenden Benutzers sich verobjektiviere in einem Sicheinlassen „auf ein in seinen rechtlichen Folgen nicht diskutierbares ... fertig übernommenes Lebensverhältnis"[3]. Deshalb sei wohl der allgemeine Handlungswille vorhanden, aber es fehle das Erklärungsbewußtsein und der Geschäftswille[4].

Deshalb gebe es nur zwei Möglichkeiten, der herkömmlichen Dogmatik gerecht zu werden. Entweder begnüge man sich im Bereich der Daseinsvorsorge für das Essentiale der Willenserklärung mit dem natürlichen Handlungswillen, ohne Erklärungsbewußtsein und Geschäftswillen zu verlangen, also mit einem verkümmerten subjektiven Tatbestand[5], oder man fingiere mittels einer Tatsachenfiktion das fehlende Erklärungsbewußtsein und den fehlenden Geschäftswillen, wozu die Rechtsprechung[6]

---

[2] Vgl. Enneccerus-Nipperdey, § 164 III.
[3] Siebert, a. a. O., S. 14.
[4] Wenn teilweise (vgl. Nipperdey, MDR 1957, S. 129; Blomeyer, MDR 1957, S. 123; Lehmann, NJW 1958, 4 und bei Enneccerus-Lehmann, S. 118) angeführt wird, wer in die Straßenbahn einsteige oder auf einen Parkplatz fahre, wisse *in aller Regel*, daß er ein Verhalten zum Ausdruck bringe, das dahin gedeutet werden muß, daß er zu den tarifmäßigen Bedingungen befördert werden will, da „selbst Kinder wissen, daß sie nicht unentgeltlich von der Straßenbahn befördert werden" (so Nipperdey in MDR 1957, S. 129), so ist m. E. das potentielle Erklärungsbewußtsein mit dem notwendigen aktuellen Erklärungsbewußtsein — ohne dabei in verfehlte psychologisierende Untersuchungen über die Elemente des inneren Tatbestandes der Willenserklärung zu verfallen — verwechselt, mit anderen Worten, der konkret erforderliche Wille mit dem abstrakt vorhandenen Wissen vertauscht; deshalb wird oftmals etwas als gewollt zugerechnet, was im Einzelfall gar nicht konkret gewollt zu sein braucht. Die Mechanisierung und Automatisierung eines Vorgangs hat die Aufhebung des konkret vorhandenen Willens zur Folge, die Vorgänge werden bis zur völligen Willensentleerung getrieben.
[5] So Hefermehl bei Erman, Bem. V 2 vor § 145. Diese Lösung scheitert m. E. aber nicht nur daran, daß im Zivilrecht nicht zwei verschiedenartige Willenserklärungsbegriffe in Betracht kommen können, im Bereich der Daseinsvorsorge ein anderer als in den sonstigen Fällen, sondern auch an der in § 118 BGB und § 119 BGB unmittelbar zum Ausdruck gekommenen Wertung des Gesetzgebers, der die Rechtsposition des Erklärenden in § 119 BGB so gestärkt hat, daß dieser sich auf mangelnden Geschäftswillen unter den Voraussetzungen des § 119 BGB berufen kann, also Erklärungsbewußtsein und Rechtsfolgewillen verlangt.
[6] Vgl. z. B. OLG Hamm in MDR 1948, S. 222 Nr. 84: „Ein Beförderungsvertrag mit dem öffentlichen Unternehmen kommt bereits dadurch zustande, ... daß der Fahrgast in eine dem Beförderungsmittel entsprechende *körperliche*

wiederholt gezwungen war, um mittels der herkömmlichen Dogmatik diesen Vorgängen gerecht zu werden; dazu gehöre allerdings ein gutes Stück juristischer Konstruktionsbegabung, die mit einer wirklichkeitstreuen Dogmatik und wissenschaftlicher Wahrhaftigkeit[7] nicht mehr das geringste zu tun habe.

Es ist zu untersuchen, ob dieser Einwand auch auf die oben aufgezeigte Fallgruppe zutrifft. Das ist jedoch, was näherer Ausführungen wohl kaum bedarf, zu verneinen; in all diesen Fällen liegt sowohl auf seiten des Benutzers als auch auf seiten des Unternehmers der volle objektive und subjektive Tatbestand einer Willenserklärung vor, so daß die Dogmatik in diesen Fällen nicht gezwungen ist, das objektiv Gesollte als subjektiv gewollt hinzustellen, und es somit durch „Auslegung" zu finden, indem sie sich anstelle des konkret individuellen Willens mit einem abstrakt typischen begnügt. Der Ausgangspunkt der Lehre vom sozialtypischen Verhalten gegen die herkömmliche Dogmatik und das Hauptargument für die Notwendigkeit einer Rechtsfortbildung praeter legem trifft also auf die hier untersuchte Fallgruppe nicht zu.

b) Der zweite Einwand der Vertreter der Lehre vom sozialtypischen Verhalten richtet sich gegen die Anwendbarkeit einzelner Normen gerade des Willenserklärungsrechts, vor allem die der Irrtumsregelung der §§ 119 ff BGB. Dieser zweite Einwand wird immer im Zusammenhang mit dem oben[8] abgehandelten ersten gebracht, indem argumentiert wird[9], die Annahme einer Willenserklärung im Bereich der Daseinsvorsorge mittels Tatsachenfiktion verlöre ihre innere Wahrhaftigkeit, wenn eines der wichtigsten und wesentlichsten Institute des Willenserklärungsrechts, die Irrtumsregelung, schlechthin ausgeschlossen würde, um dem reibungslosen und einheitlichen Ablauf dieser Leistungsbeziehungen gerecht zu werden; was man mit der einen Hand, wenn auch mühsam, gebe, entziehe man im gleichen Augenblick wieder mit der anderen Hand.

Oben[10] war gezeigt worden, daß der erste Einwand, die Notwendigkeit einer Fiktion, für die hier untersuchte Fallgruppe nicht zutrifft; somit ist auch die innere Beziehung beider Argumente in diesem Bereich zerstört.

Verbindung mit dem Fahrzeug gelangt." Vgl. auch OLG Köln, DR 1941, S. 591: „Schon wenn der Fahrgast die Straßenbahn besteigt, *gilt* der Beförderungsvertrag als geschlossen."
Gegen diese Rechtsprechung auch Larenz, L 7, S. 36; Esser, AcP 157, 90 und Schuldrecht, S. 34; Raiser, a. a. O., S. 123; Haupt, a. a. O., S. 7 und S. 22; Betti, a. a. O., S. 256; Simitis, a. a. O., S. 485.

[7] „Legt Ihr's nicht aus, so legt Ihr's unter", so Haupt a. a. O., S. 6 Note 4.
[8] s. Seite 63 dieser Arbeit.
[9] Vgl. statt aller Larenz, L 7, S. 34.
[10] s. Seite 64 dieser Arbeit.

Es bleibt zu prüfen, ob der zweite Einwand, Unanwendbarkeit der §§ 119 ff BGB, für sich allein gesehen, zutrifft[11].

Grundsätzlich ist das Recht der Willenserklärung dort anzuwenden, wo die konstituierenden Merkmale der Rechtsgeschäfte, Willenserklärungen, vorliegen; dies erfordert eine an der Wertung der Interessen durch den Gesetzgeber orientierte Dogmatik. Nun kann dieses durch den Gesetzgeber vorgegebene „Parallelogramm der Kräfte[12]" der §§ 119 ff BGB durch besondere Bewertungsfaktoren zugunsten des Erklärungsempfängers und zu Lasten des Erklärenden verschoben sein, so daß die §§ 119 ff BGB restriktiv auszulegen sind, sei es hinsichtlich ihrer generellen Anwendbarkeit — wie etwa bei Zeichnungserklärungen bei Kapitalgesellschaften —, sei es hinsichtlich der im Gesetz vorgesehenen Rechtsfolgen — wie etwa bei fehlerhaft begründeten Arbeitsverträgen[13].

Ein solches besonderes Bewertungsprinzip für die Fortbildung des Rechts i. S. einer gegenüber dem Wortlaut der §§ 119 ff BGB restriktiven Gesetzesauslegung wird für diese typisierten Leistungsbeziehungen in dem „Vertrauen der beteiligten Verkehrskreise auf den sozialtypischen Erklärungswert des ... Parkens auf einem überwachten und parkgeldpflichtigen Parkplatz[14]" gesehen.

Für die Überprüfung der Richtigkeit dieser These ist zunächst entscheidend, welche Gruppen zu den „beteiligten Verkehrskreisen" zu rechnen sind, die in ihrem Vertrauen auf den Bestand der Willenserklärung geschützt werden müssen. Zwei Möglichkeiten sind denkbar: Entweder bedarf der Unternehmer als Empfänger der Willenserklärung des Schutzes, oder die übrigen Verkehrsteilnehmer, die als sog. Dritte an der Willenserklärung „beteiligt" sind, müssen geschützt werden.

Hinsichtlich des Vertrauenstatbestandes des Unternehmers sind jedoch keinerlei Gesichtspunkte vorhanden, die einen verstärkten Vertrauensschutz rechtfertigen würden. Die wirtschaftliche Bedeutung des einzelnen Geschäfts ist erstens auf Grund der abstrakten Lösung des Gesetzes irrelevant, sie trifft auch auf das einzelne abgeschlossene Leistungsverhältnis nicht zu. Ferner ist durch das einzelne Rechtsverhältnis weder ein

---

[11] Für die Annahme einer Willenserklärung, aber gegen die Anwendbarkeit der §§ 119 ff BGB sind, wenn auch mit verschiedenartiger Begründung: Lehmann, NJW 1958, 5 und bei Enneccerus-Lehmann, S. 118; Nipperdey, MDR 1957, S. 129 und bei Enneccerus-Nipperdey, S. 1018; Staudinger-Coing, Einl. 75 zu §§ 104 ff und Vorbem. 23 vor §§ 116 ff; Brox, a. a. O., S. 216; Blomeyer, Schuldrecht, S. 99; Siebert, a. a. O., S. 31; Nikisch, a. a. O., S. 89; Krause, BB 1959, S. 419.

[12] Westermann, JuS 1964, S. 172; vgl. auch Soergel-Hefermehl, Vorbem. 17 vor §§ 116 ff.

[13] Vgl. dazu im einzelnen: Staudinger-Coing, Vorbem. 23 a ff vor §§ 116 ff.

[14] So Siebert, a. a. O., S. 31. Dieser Gesichtspunkt wird durchweg auch bei allen anderen Autoren (s. S. 65 dieser Arbeit, Fn 11) angeführt.

Lebensverhältnis entstanden, dessen faktische Existenz nicht rückwirkend beseitigt werden kann, noch ergeben sich größere Abwicklungsschwierigkeiten als in anderen typischen, vom Gesetzgeber ins Auge gefaßten und somit geregelten Fällen, in denen eine Willenserklärung angefochten und somit gem. § 142 Abs. 1 BGB ex tunc nichtig ist. Die reibungslose Abwicklung weiterer Massengeschäfte ist trotz der Nichtigkeit eines einzelnen Geschäfts nie in Frage gestellt, da der Benutzer aus § 812 BGB an Ort und Stelle in Anspruch genommen werden kann[15]. Für den Fall, daß er sich weigert, muß nach Feststellung seiner Personalien der Klageweg beschritten werden, ohne daß es zu einer Stockung in der Abwicklung der übrigen Leistungsbeziehungen kommt; somit ist die Durchführung der spezifischen Aufgabe des Unternehmers nie in Frage gestellt. Besondere Bewertungsfaktoren auf seiten des Unternehmers sind also nicht ersichtlich, die im Wege der Rechtsfortbildung eine Korrektur der gesetzlichen Irrtumsregelung zu Lasten des Leistungsabnehmers rechtfertigen würden.

Letztlich könnte es jedoch das Vertrauen der übrigen Verkehrsteilnehmer in den Bestand der Willenserklärung des Benutzers erfordern, eine Anfechtung im Bereich der Daseinsvorsorge nicht zuzulassen. Die an sich schutzwürdigen Interessen der Verkehrsteilnehmer werden jedoch durch eine Vernichtung der einzelnen vertraglichen Rechtsbeziehung zwischen Benutzer und Unternehmer nicht berührt, da die übrigen Verkehrsteilnehmer nicht auf Grund ihres Vertrauens in den Bestand dieser einzelnen Erklärung in vertragliche Leistungsbeziehungen zu dem Unternehmer treten; insofern liegt die Problematik hier ganz anders als in den Fällen, in denen Dritte z. B. im Vertrauen auf den Bestand einer Personal- oder Kapitalgesellschaft mit dieser in Rechtsbeziehung treten. Das gesteigerte Verkehrsschutzbedürfnis „beteiligter Dritter" spielt also in diesem Bereich gar keine Rolle[16].

Die im Bereich der Daseinsvorsorge vorherrschenden Rationalisierungsmaßnahmen und somit die Kalkulationsinteressen könnten zwar in tatsächlicher Hinsicht, was hier dahingestellt bleiben kann, durch eine überhandnehmende Anfechtung seitens der Erklärenden gestört sein, so daß eine Preissteigerung für die Inanspruchnahme dieser Leistungen die Folge wäre. Dieses allgemeine Verkehrsinteresse an niedrigen Preisen ist aber nur ein mittelbares, und somit ein Gesichtspunkt, der außerhalb der gesetzlichen Bewertung geblieben und somit für die Wertordnung unbeachtlich ist.

Zusammenfassend läßt sich also sagen, daß das zweite Argument der Lehre vom sozialtypischen Verhalten gegen die herkömmliche Dogma-

---

[15] Vgl. Blomeyer, MDR 1957, S. 153 mit weiteren Nachweisen.
[16] Vgl. auch Flume, Festschrift, S. 186; Wieacker, Festschrift, S. 281.

tik generell nicht zutrifft. Für die hier untersuchte Fallgruppe bedeutet das, daß bei Abgabe einer ausdrücklichen Willenserklärung im Bereich der Daseinsvorsorge eine gegenüber den §§ 119 ff BGB restriktive Gesetzesauslegung nicht notwendig ist.

c) Ein letztes Argument der Lehre vom sozialtypischen Verhalten gegen die herkömmliche Dogmatik wird aus dem Ausnahmefall abgeleitet, daß der Empfänger der Leistung bei deren Inanspruchnahme einen Vertragsschluß bzw. die Erbringung der Gegenleistung ausdrücklich und unzweideutig ablehnt. Die Vertreter[17] der Lehre vom sozialtypischen Verhalten sind der Ansicht, daß in diesen Fällen rechtsdogmatisch etwas nicht als Vertragsannahme und somit als Willenserklärung gewertet werden könne, was als nicht gewollt eindeutig und ausdrücklich zu erkennen gegeben wurde. Entstehe unabhängig vom Willen dennoch das Verpflichtungsverhältnis, so ergebe eine rechtsdogmatische Analyse, daß in Wahrheit eben doch nur das tatsächliche Verhalten in der ihm typischerweise zukommenden Bedeutung das entscheidende Kriterium für die Entstehung dieser Schuldverhältnisse sei.

Angesichts der Thematik dieser Arbeit kann die Untersuchung dieser Ausnahmefälle auf die Fallgruppe beschränkt werden, daß sich die Verwahrung, keinen Vertrag schließen zu wollen, gegen die ausdrückliche Erklärung, einen Vertrag schließen zu wollen, richtet. In diesem Fall liegt also keine protestatio facto contraria, sondern eine protestatio declarationi contraria vor. Für die Beantwortung der Frage, ob diese Ausnahmefälle zu einer derartigen Rechtsfortbildung zwingen, ist für beide Fallgruppen, sowohl der der protestatio facto als auch der der protestatio declarationi contraria, jenseits aller diskutierten Lösungsversuche, auf folgenden entscheidenden bisher nicht beachteten Gesichtspunkt hinzuweisen. Für den ersten Entwurf[18] war folgende Bestimmung über die protestatio facto contraria vorgesehen, die allerdings wieder gestrichen wurde: „Die Verwahrung ist unwirksam, wenn das Verhalten keine andere Auslegung zuläßt als diejenige, gegen welche die Verwahrung eingelegt ist". In den Motiven[19] heißt es dann: „Das Absehen von einer Begriffsbestimmung der stillschweigenden Willenserklärung bringt es mit sich, daß auch der Frage nicht näherzutreten ist, inwieweit der Unterstellung einer solchen Willenserklärung durch eine Verwahrung entgegengetreten werden kann".

---

[17] Vgl. Larenz, L 7, S. 34 und NJW 1956, 1899 und DRiZ 1958, S. 248; Simitis, a. a. O., S. 487.

[18] Vgl. Vorlage Gebhard zum Entwurf eines BGB, Allgemeiner Teil II, 2 § 11.

[19] Mot. I, S. 154; Mugdan I, S. 437.

Das Problem der protestatio ist also vom BGB-Gesetzgeber gesehen, aber nicht gelöst. Deshalb bemühte sich schon recht bald[20] die Rechtswissenschaft um eine Lösung. Isay[21] bringt folgendes Beispiel: A werden von seinem Lieferanten, dem Buchhändler B, die jeweilig neuesten Erscheinungen des Büchermarktes zugesandt; A schneidet ein ihm so zur Ansicht gesandtes Buch auf, mit der ausdrücklichen Verwahrung, die dem Buchhändler zugeht, er wolle das Buch nicht behalten, sondern nur durchlesen. Weitere derartige Beispiele ließen sich anführen[22]. Mit diesem Beispiel Isays ist jenseits aller Lösungsversuche bewiesen, daß diese Fälle der protestatio nicht ein spezifisches Charakteristikum im Bereich der sog. Daseinsvorsorge sind, sondern in allen von der Rechtsordnung zu regelnden Bereichen auftreten.

Zur Lösung des oben angeführten Falles hat man entweder den reinen Willen des Handelnden entscheidend sein lassen und ist über die Grundsätze der culpa in contrahendo und der unerlaubten Handlung zu einer Schadensersatzpflicht gekommen, oder hat einen Anspruch aus Kaufvertrag gegeben mit der Begründung, die Beachtlichkeit der protestatio finde ihre Grenze an dem Gebot von Treu und Glauben. Niemand hat aber geglaubt, um einen Anspruch geben zu können, im Wege der Rechtsfortbildung ein „faktisches Buch-Kaufvertragsverhältnis" konstruieren zu müssen, und niemand würde, wenn dieser Fall nach dem Grundsatz der protestatio facto contraria non valet entschieden würde, behaupten, derartige Kaufverträge könnten auch durch faktisches Verhalten zustande kommen[23]. Insofern ist auch Fikentscher[24] nicht zuzustimmen, wenn er behauptet, in diesen Fällen der protestatio liege die eigentliche „Problematik" und der Angelpunkt für die Lehre vom sozialtypischen Verhalten. Dieses Problem ist so alt wie mancher Streit im Willenserklärungsrecht und nicht erst ein tatsächliches oder rechtliches Novum im Bereich der Daseinsvorsorge auf Grund der veränderten Struktur des modernen Massenverkehrs, das zu einer Rechtsfortbildung, beschränkt gerade auf diese sozialtypischen Beziehungen, zwingt.

Ist dieses Problem schon kein spezifisches im Bereich der Sozialtypik, so ist es auch in der Modifikation der protestatio declarationi contraria nach allgemeinen Grundsätzen zu lösen. Würde für die hier untersuchte

---

[20] Vgl. aus dem Jahre 1899 die Schrift von Isay, Die Willenserklärung im Thatbestande des Rechtsgeschäfts, S. 82 ff. Weitere Monographien anderer Autoren folgten: Riezler, Venire contra factum proprium, S. 116 ff; Wolff, Mentalreservation, S. 108 f; Jacobi, Die Theorie der Willenserklärungen. S. 78 f.

[21] a. a. O., S. 72.

[22] Jemand trinkt den zur Erbschaft gehörenden Weinkeller leer, verwahrt sich aber dagegen, darin eine Annahme der Erbschaft zu sehen.

[23] Das gegen Larenz, L 7, S. 34 und DRiZ 1958, S. 247/48 und gegen Simitis, a. a. O., S. 487.

[24] Schuldrecht, S. 58.

Fallgruppe sich der Protest, einen anderen durch einen Vertrag nicht verpflichten zu wollen, gegen die Erklärung richten, ihn durch einen Vertrag verpflichten zu wollen, so läge eine widersprüchliche Erklärung vor. Eine Möglichkeit der Lösung wäre, diese Erklärung gem. § 157 BGB auszulegen[25], auf die Verkehrssitte und Verkehrsüblichkeit dieser massenhaft vorkommenden Leistungsbeziehungen abzustellen und somit zu einer verkehrsfreundlicheren, „sozialtypischen" Auslegung zu kommen[26]. Mir scheint jedoch eine Willensäußerung mit dem Inhalt, einen Vertrag schließen zu wollen und doch keinen Vertrag schließen zu wollen, so konfus, daß auch hier keine Auslegung mehr hilft, mit deren Hilfe man es wagen könnte, zu einem „Vertrag" zu kommen. Hier helfen nur Ansprüche, die in ihrem Zustandekommen der Parteidisposition entzogen sind und kraft Gesetzes entstehen, wie die §§ 812 ff oder 823 ff BGB[27].

Die rechtsdogmatische Untersuchung der Einwände der Lehre vom sozialtypischen Verhalten gegen die herkömmliche Dogmatik an Hand der zu erörternden Fallgruppe hat ergeben, daß der einzig und allein durchschlagende Einwand, die eigenstrukturierten Rechtsverhältnisse der Daseinsvorsorge könnten mit dem herkömmlichen Rechtsinstitut der Willenserklärung nicht befriedigend gelöst werden, wenn man nicht den Tatbestand der Willenserklärung dermaßen verobjektivieren will, daß er seinen spezifischen Sinn verliert, auf die hier untersuchte Fallgruppe nicht zutrifft. Wenn eine ausdrückliche Erklärung im Bereich der Daseinsvorsorge abgegeben wird, bestehen dogmatisch keinerlei Bedenken, in dieser Erklärung eine Willenserklärung im herkömmlichen Sinn zu sehen, und die Zulässigkeit und den Eintritt der unmittelbaren Rechtswirkung in der Person eines Dritten nach den allgemeinen Vorschriften des Vertretungsrechts der §§ 164 ff BGB qua Willenserklärung zu lösen. Es handelt sich somit um einen Fall rechtsgeschäftlicher Stellvertretung[28].

---

[25] § 157 BGB wird, da der Grundsatz von Treu und Glauben für die gesamte Privatrechtsordnung maßgebend ist, über seinen engen Wortlaut hinaus auch schon für die Beantwortung der Frage herangezogen, ob durch die Willenserklärung der Parteien überhaupt ein Vertrag zustande gekommen ist; heute einhellige Meinung, vgl. statt aller Staudinger-Coing, § 133 Anm. 18.
[26] Für diese Lösung: Fikentscher, Schuldrecht, S. 58.
[27] Vgl. auch Isay, a. a. O., S. 72 und Jacobi, a. a. O., S. 78: „Erklärte jemand, er wolle kaufen, und protestierte zugleich gegen die Annahme, daß er kaufen wolle, so wäre die Erklärung perplex."
[28] Auf die allgemeine Problematik rechtsgeschäftlicher Stellvertretung — z. B. Unabhängigkeit der Vertretungsmacht von dem zugrunde liegenden Innenverhältnis, sog. Abstraktionsprinzip — braucht hier nicht eingegangen zu werden, da nur gezeigt werden sollte, daß auch im Bereich der Daseinsvorsorge Rechtsverhältnisse mittels rechtsgeschäftlicher Stellvertretung, auch wenn man grundsätzlich — vgl. den Ausgangspunkt dieser Arbeit — von der Rechtsprechung des Bundesgerichtshofs und der Lehrmeinung Larenz' ausgeht, zustande kommen. Zur Stellungnahme zu der ablehnden Haltung von Simitis vgl. den folgenden Paragraphen.

§ 2 Der Einwand Simitis' gegen die Anwendbarkeit des Instituts des Rechtsgeschäfts im Bereich der Daseinsvorsorge — Kritische Würdigung dieses Einwandes

Dieses auf Grund dogmatischer Analyse gefundene Ergebnis lehnt Simitis in seinem Werk[29] strikt ab. Für ihn ist die Willenserklärung im Bereich der Daseinsvorsorge „einfach inexistent[30]", und somit ein rechtsgeschäftlich begründetes Schuldverhältnis unmöglich. Die Grundproblematik dieser Rechtsverhältnisse erwächst nach der Ansicht Simitis' daraus, daß sich das Fundament dieser Rechtsverhältnisse in *soziologischer* Hinsicht[31] im Vergleich zu den Vertragsverhältnissen alten Stils völlig gewandelt hat, so daß aus dieser Wandlung die notwendigen Folgerungen auch für die Dogmatik zu ziehen seien.

Das Vertragsverhältnis im herkömmlichen Sinn hatte soziologisch zur Voraussetzung, daß sich die Vertragspartner in wirtschaftlicher Hinsicht gleich stark und gleichwertig gegenüberstanden. Auf Grund dieser gegenseitigen Machtposition waren die Vertragsparteien in der Lage, im Wege gegenseitigen Aushandelns nach individuellen Maßstäben ihre widerstreitenden Interessen zu regulieren und somit schließlich zu einer von einem freien Willen getragenen Übereinkunft, zu einem Vertrag, zu kommen, in dem ihre Bedürfnisse selbsttätig und frei als Interessenausgleich geregelt waren. Dieser soziologische Hintergrund habe der Funktion des Vertrages und seiner gesetzlichen Ausgestaltung, etwa bei der Frage der Abgabe und des Zugehens der Willenserklärung als dem Essentialie des Vertrages, ihrer Auslegung und ihrer Mängel, zugrunde gelegen, so daß die Differenzierung im Rahmen der vertraglichen Rechtsverhältnisse, im Gegensatz zur Typisierung und Nivellierung der Vorgänge, nach Auffassung des Gesetzes ein konstitutives Element des Vertragsbegriffes bildet. So ließen sich als fundamentale Merkmale des Vertrages — der nicht nur eine neutrale rechtstechnische Figur sei, sondern dem eine bestimmte vom Gesetzgeber zugedachte Funktion zugrunde liege — Gleichheit und Freiheit in soziologischer Hinsicht bezeichnen, die ihren rechtlichen Ausdruck in der sog. Abschluß- und Gestaltungsfreiheit gefunden hätten. Der gesetzlichen Ausgestaltung des Vertrages liege aus der soziologischen Struktur heraus diese bestimmte Wertung des Individuums zugrunde[32].

---

[29] Die faktischen Vertragsverhältnisse als Ausdruck der gewandelten sozialen Funktion der Rechtsinstitute des Privatrechts, Frankfurt/Main 1957.

[30] a. a. O., S. 524.

[31] Als seine Hauptaufgabe bezeichnet es Simitis in seinem Vorwort, „die *Ursachen* aufzuzeigen, die zu den faktischen Vertragsverhältnissen geführt haben".

[32] Vgl. Simitis, a. a. O., S. 463 ff.

Mit dem Wandel dieses soziologischen Unterbaus im Bereich der Daseinsvorsorge habe aber der Vertrag im herkömmlichen Sinn seinen Geltungsanspruch verloren. In diesem Bereich sei eine völlige Verschiebung der Machtpositionen eingetreten. Die Unternehmen seien mit dem Erbringen ihrer Leistungen zur Existenzvoraussetzung der gesamten Gesellschaft geworden, und die Position des einzelnen als Teil dieser Gesellschaft sei deshalb allein gekennzeichnet durch seine existenzielle Abhängigkeit von der durch den Unternehmer erbrachten Leistung. Die Gesellschaft als solche, und somit auch der einzelne seien eben auf die Versorgung mit Wasser und Elektrizität, auf die Benutzung der Verkehrsmittel angewiesen, während der Unternehmer keineswegs gezwungen sei, seine Leistungen auch zu den von der Gesellschaft gewünschten Bedingungen zu erbringen; der einzelne werde deshalb in der Totalität der Gesellschaft, die den eigentlichen Kontrahenten bilde, aufgehoben, das Individuum als eigentlicher Vertragspartner in einer Ära, die Simitis als die „Individualitätslosigkeit der Individuen" bezeichnet, und für die er den Begriff der „Vermassung" wählt, beseitigt.

Diese vollkommene existenzielle Abhängigkeit der Gesellschaft und somit auch des einzelnen bedinge aber eine solche wirtschaftliche Machtposition des Unternehmers, daß die vom Gesetz als Grundlage des Vertragsbegriffes angesehene Gleichheit und Freiheit durch den tatsächlich bestehenden Nutzungszwang des einzelnen völlig aufgehoben und in ihr genaues Gegenteil, Ungleichheit und Unfreiheit, verkehrt seien. Nicht mehr die „Person, sondern die Sache (bildet) den Mittelpunkt aller rechtlichen Überlegungen über das Vertragsverhältnis[33]", ein Vorgang, für den Simitis den Begriff der „Verdinglichung" wählt. Durch diesen Wandel innerhalb der soziologischen Struktur sei der Vertrag im herkömmlichen Sinn als Willensübereinstimmung und als Ergebnis eines Interessenausgleichs völlig illusorisch geworden. Die Willenserklärung ist in diesem Bereich einfach inexistent geworden, weil die tatsächliche Notwendigkeit der Inanspruchnahme der durch den Unternehmer angebotenen Leistungen zur Unterwerfung zwingt, gleichgültig, ob der einzelne will oder nicht. Auf Grund dieser gewandelten soziologischen Struktur kenne diese Sachlage keine gegenseitige *Willens*übereinstimmung. Die Rechtsverhältnisse würden nicht mehr durch Willenserklärungen des einzelnen begründet, sondern schlechthin durch die faktische Inanspruchnahme. Rechtsgrund für das Entstehen dieser Rechtsverhältnisse sei die soziale Realität als solche, die eben die Kraft habe, von sich aus dieselben Rechtsfolgen hervorzubringen wie das Gesetz[34].

---

[33] a. a. O., S. 88.
[34] Auf die weiteren Aussagen in Simitis' umfangreichem Werk, etwa zur sozialen Funktion des Rechts und der Rechtsinstitute, zu dem Verhältnis von Recht und Wirklichkeit, kann im Rahmen dieser Arbeit in keiner Weise einge-

Zur kritischen Auseinandersetzung mag noch einmal folgender Satz zitiert werden[35], der beispielhaft für Begründung und Ergebnis der Aussage Simitis' ist: „Der einzelne, die Gesellschaft als solche, sind eben auf die Versorgung durch Wasser, Elektrizität usw., auf die Benutzung der Verkehrsmittel angewiesen, ... Es muß deshalb als illusorisch bezeichnet werden, den hier stattfindenden Vorgang als Vertragsschluß zu bezeichnen."

Die Aussage Simitis', soweit sie überhaupt für die hier untersuchte dogmatische Fragestellung interessant ist, krankt an folgenden Verwechslungen.

Erstens ist die Identifizierung des einzelnen mit der Gesellschaft bei der Analyse des soziologischen Befundes eine der unrichtigen Hypothesen Simitis'. Die Gesellschaft insgesamt ist zwar auf die Erbringung der Leistungen im Bereich der Daseinsvorsorge angewiesen, genauso wie die Existenz des einzelnen ohne das, was allgemein als Daseinsvorsorge bezeichnet wird, in einem industrialisierten Staat nicht denkbar ist. Aber der einzelne hat, und diese Erkenntnis ist entscheidend, trotz der existenziellen Abhängigkeit von den Leistungen der Daseinsvorsorge insgesamt, die Möglichkeit der Wahl zwischen mehreren verschiedenartigen Leistungsarten innerhalb der Daseinsvorsorge, so daß die Behauptung Simitis', der Vorgang, den er als Verdinglichung bezeichnet, bedinge den Ausschluß des Willensmoments, in dieser Simplifizierung weder im soziologischen noch vielmehr im rechtlichen richtig ist. Innerhalb der Daseinsvorsorge hat der einzelne in tatsächlicher Hinsicht noch genügend Ausweichmöglichkeiten; so kann er zwischen den verschiedenen Angeboten im Bereich der Daseinsvorsorge wählen; ob er mit Gas, Elektrizität, Öl, Koks oder Ferngas heizt, ob er seinen Wagen in einer teuren Hoch- oder Tiefgarage oder auf einem preiswertereren Parkplatz parkt oder neben dem Parkplatz unentgeltlich, dafür aber auch unbewacht, auf der Straße. Ebenso verhält es sich bei den Transportmitteln, so daß auch im Bereich der Daseinsvorsorge nicht wesentlich anders als in anderen Bereichen auch, für die Verwirklichung des eigenen Willensentschlusses noch genügend Raum bleibt. Mithin kommt die Aussage Simitis' von der „Individualitätslosigkeit der Individuen"[36] über ein Wortspiel nicht hinaus.

Ist schon die Analyse des soziologischen Befundes unrichtig, so stimmen die Folgerungen, die er daraus für die Rechtsordnung zieht, ebenfalls nicht; denn genausowenig, wie der Verwirklichung des Willens-

---

gangen werden (vgl. dazu etwa Ballerstedt in AcP 157, S. 117 ff). Es wurden nur die Hauptgedanken zu dem Problemkreis „Faktische Vertragsverhältnisse im Bereich der Daseinsvorsorge" referiert und auch nur insoweit, wie es die dogmatische Untersuchung dieser Arbeit, ob in diesem Bereich eine Stellvertretung qua Rechtsgeschäft möglich ist, erfordert.

[35] a. a. O., S. 472.
[36] a. a. O., S. 523.

moments in tatsächlicher Hinsicht etwas im Wege steht, treten in rechtlicher Hinsicht Schwierigkeiten auf, da auch hier kein *rechtlicher* Zwang zur Benutzung der Einrichtungen der Daseinsvorsorge besteht. Es ist also in vollem Umfange Abschlußfreiheit im Rechtssinn vorhanden, da die Frage, ob ein Leistungsverhältnis begründet werden soll, vollkommen vom Willen des einzelnen Benutzers abhängig ist, so daß sowohl der soziologische als auch der rechtliche Ausgangspunkt angesichts der verfehlten Identifizierung des einzelnen mit der Gesellschaft unrichtig ist[37].

Der dritte Bruch liegt in der Inkonsequenz der Durchführung. Bezeichnet es Simitis als „illusorisch", bei der Inanspruchnahme existentiell notwendiger Leistungen von einem Vertragsschluß zu sprechen, weil die verschiedenartige Machtkonstellation den Benutzer zur Unterwerfung zwinge, so wäre es nur konsequent, in allen derartig gelagerten Fällen den Vertragsschluß zu leugnen. Das zwänge aber zu einer Ausdehnung der faktischen Vertragsverhältnisse weit über den Bereich der Daseinsvorsorge hinaus, und somit zu einem Schritt, den selbst Simitis nicht zu tun wagt[38]. Soll z. B. der Kauf sämtlicher Grundnahrungsmittel als existentiell notwendiger Güter nicht mehr durch rechtsgeschäftliche Willenserklärungen, sondern durch faktische Vertragsverhältnisse zustande kommen? Ebenso sind beim Aufsuchen eines Arztes oder beim Kauf von Arzneimitteln in Apotheken all die Symptome — tatsächlicher Zwang usw. — gegeben, die Simitis als spezifische Charakteristika, beschränkt auf den Bereich der Daseinsvorsorge, herausgearbeitet zu haben geglaubt hat. In manchen Wirtschaftsbereichen ist tatsächlich eine Machtverschiebung hinsichtlich der inneren Gestaltungsfreiheit eingetreten. Aber aus dieser Verschiebung der Vertragsprämissen ist man nicht genötigt, die Essentialien des Vertrages, die Willenserklärungen, in all diesen Fällen über Bord zu werfen; generell die „Geltendmachung eines Versorgungsbedürfnisses existentiell notwendiger Güter" als entscheidendes Kriterium für das Entstehen faktischer Schuldverhältnisse anzusehen, weigert sich, angesichts der Verschwommenheit und der ungeheuren Weite des Begriffes, selbst Simitis.

---

[37] Insoweit braucht auch zu dem Problem der generellen Identifizierung von rechtlichem und tatsächlichem Nutzungszwang — auf diese Weise kommt Haupt (a. a. O., S. 28/29) zu einer völligen Verneinung rechtsgeschäftlicher Vertragsschlüsse im Bereich der Daseinsvorsorge — nicht Stellung genommen zu werden. (Haupt: „Die Wirklichkeit ordnet darüber hinaus vielfach die Partner durch den Sachverhalt, durch das Leben, ihren Beruf, ihre Tätigkeit einander zu, mögen sie wollen oder nicht.") M. E. sind die soziologischen Fakten das Material zur Bildung des Rechts, aber noch nicht dieses selbst. Das analysierte soziologische Material bedarf noch der rechtlichen Wertung. Vgl. auch Esser, AcP 157, S. 91: Die Aussage „das Leben selbst ordnet zu', war im Grunde die Kapitulation normativen Rechtsdenkens vor dem politisch-sozialen Faktum".
[38] Das auch gegen Haupt, a. a. O., S. 21.

Zusammenfassend läßt sich also sagen, daß für diese Untersuchung die Auffassung Simitis' im Ausgangspunkt unrichtig und ferner eine konsequente Durchführung durch den Einbruch des Soziologischen ins Normative unmöglich gemacht ist. Auf Grund der gewandelten soziologischen Struktur besteht also kein Grund, den Verpflichtungswillen und somit das Vorliegen rechtsgeschäftlicher Willenserklärungen generell zu leugnen. Auch im Bereich der Daseinsvorsorge können Willenserklärungen durchaus, wie die Untersuchung gezeigt hat, konstituierende Merkmale der Verpflichtungsverhältnisse sein, wenn die technisch bedingte Eigenart der Inanspruchnahme in Form der Typisierung und Automatisierung nicht die konstituierenden Merkmale der Willenserklärung, Erklärungsbewußtsein und Geschäftswillen, eliminiert hat[39].

§ 3 Der Einwand aus der dogmatischen Struktur des sozialtypischen Verhaltens als Realakt

Auf ein Merkmal dieser Rechtsverhältnisse ist noch hinzuweisen, um Mißverständnisse zu vermeiden. Die Rechtsnatur des sozialtypischen Verhaltens als dem konstituierenden Akt dieser Verpflichtungsverhältnisse war oben[40] in einem zweiseitigen Realakt gefunden worden, da die Legalwirkung an die Bewirkung eines tatsächlichen Erfolges, unabhängig vom rechtsgeschäftlichen Willen, geknüpft wird. Nun werden Realakte nicht dadurch zu Rechtsgeschäften, daß der Handelnde die normierte Rechtsfolge des Tatbestandes tatsächlich in concreto erstrebt. Wenn man in der Aneignung i. S. von § 958 BGB mit der heute herrschenden Lehre[41] einen Realakt und kein Rechtsgeschäft sieht, dann ist der rechtsgeschäftliche Wille des Okkupanten, Eigentum zu erwerben, völlig bedeutungslos. Auch wenn der Wille des Okkupanten in concreto auf die vom Gesetz angeordnete Rechtsfolge gerichtet ist, bleibt die Aneignung Realakt und wird nicht durch den rechtsgeschäftlichen Willen selbst zum Rechtsgeschäft. Entscheidend für die Rechtsnatur des menschlichen Handelns sind einzig und allein die tatbestandsmäßigen Voraussetzungen, die die *Rechtsordnung* aufstellt[42].

Aus dieser Erkenntnis läßt sich jedoch ein Argument gegen die oben dargelegte Auffassung, daß die Verpflichtungsverhältnisse im Bereich

---

[39] Zu Simitis, vgl. noch Lehmann in NJW 1958, S. 4 und bei Enneccerus-Lehmann, S. 118; Enneccerus-Nipperdey, S. 1015 Note 53 und S. 1017/18; Larenz, DRiZ 1958, S. 247; Erman-Hefermehl, Bem. V 2 vor §§ 145 ff; Ballerstedt, AcP 157, S. 117 ff; Raiser, a. a. O., S. 124; Flume, Festschrift, S. 184; Küchenhoff, Recht der Arbeit 1958, S. 123 u. Börner, a. a. O., S. 196 ff.
[40] s. Abschnitt 2, Kapitel 2, § 2 dieser Arbeit.
[41] Vgl. statt aller: Westermann, Sachenrecht, § 58 IV.
[42] Vgl. z. B. Planck-Flad, Vorbem. I 2 vor §§ 104 ff.

der Daseinsvorsorge durch Rechtsgeschäfte zustande kommen können und eine Fremdwirkung demzufolge gem. §§ 164 ff BGB zuzulassen ist, nicht herleiten.

Das Rechtsverhältnis in diesem Bereich ist nicht etwa deshalb ein rechtsgeschäftliches, weil der Realakt durch den Rechtsfolgewillen seiner dogmatischen Struktur nach zu einer rechtsgeschäftlichen Willenserklärung wird, es tritt mithin in dogmatischer Hinsicht keine Wandlung des Realakts zum Rechtsgeschäft ein, sondern der Verpflichtungsgrund ist von Anfang an in einer rechtsgeschäftlichen Willenserklärung zu finden, die in diesen Fällen das *konstituierende Tatbestandsmerkmal* der zwischen dem Leistungsträger und Leistungsnehmer *entstandenen Vertrauensbeziehung* bildet, und kraft deren die Fremdwirkung eintritt. Begründet ist das aus der ursprünglichen Notwendigkeit der Rechtsfortbildung in dogmatischer Hinsicht. Generell, d. h. in ihrer Typizität, entstehen die Verpflichtungsverhältnisse in diesem Bereich nunmehr aus dem korrespondierenden Verhalten des tatsächlichen Anbietens und der tatsächlichen Inanspruchnahme, mithin aus einem zweiseitigen Realakt; der rechtsgeschäftliche Wille ist bedeutungslos, auch ein konkretes „ich will" vermag den Akt nicht zu einer rechtsgeschäftlichen Willenserklärung zu machen. Beachtlich ist der Wille aber insofern, als er in diesem Bereich aus der Typizität heraus zu einem Sondervertrag, zu einer *besonderen* Vertrauensbeziehung führen soll; denn in dogmatischer Hinsicht besteht kein Grund, einem solchen rechtsschöpferischen rechtsgeschäftlichen Willen der Parteien die Anerkennung zu versagen. Mithin gibt es für diese Rechtsverhältnisse im Bereich der Daseinsvorsorge eine doppelte Entstehungsgrundlage[43] — Vertrauensbeziehung qua Willenserklärung und Vertrauensbeziehung qua sinnbezogenen und typisierten Eingriff —, wobei die konstituierenden Merkmale der besonderen Vertrauensbeziehung rechtsgeschäftliche Willenserklärungen sind, kraft deren auch eine Fremdwirkung gem. §§ 164 ff. BGB zuzulassen ist.

Zwischenergebnis:

Aufgabe der Untersuchung ist es festzustellen, ob eine Fremdwirkung im Bereich der Daseinsvorsorge möglich ist, und wie sie dogmatisch zu begründen ist. Als Zwischenergebnis ist festzuhalten: Werden ausdrückliche Erklärungen abgegeben, kraft deren in Abweichung vom Regelfall die Rechtswirkung nicht in der Person des Benutzers, sondern in der

---

[43] Vgl. auch Larenz, L 7, S. 36. Larenz, a. a. O., kommt zu einer rechtsgeschäftlichen Begründung dieser Rechtsverhältnisse etwa in dem Fall, daß *vor* Antritt der Fahrt eine Fahrkarte gelöst wird. Nach meiner Auffassung sind rechtsgeschäftliche Willenserklärungen in all den Fällen relevant, in denen von der vorgegebenen Typizität des Vertrages in Inhalt oder Rechtsfolge kraft Parteivereinbarung abgewichen werden soll.

Person eines Dritten eintreten soll, sog. Sonderverträge, so tritt, da in diesen Fällen alle konstituierenden Merkmale eines Rechtsgeschäfts vorliegen und weder die soziologische Faktizität noch rechtsdogmatische Gesichtspunkte zwingen, den zweiseitigen Realakt als konstituierendes Merkmal dieser Schuldverhältnisse beizubehalten, die Fremdwirkung gem. §§ 164 ff BGB kraft Rechtsgeschäfts ein.

Drittes Kapitel

Sonderfälle

Zum Schluß soll die Richtigkeit und Brauchbarkeit der in dieser Arbeit gefundenen Ergebnisse an zwei Sonderfällen überprüft werden. Es handelt sich dabei um die „pathologischen Fälle" des Vertretungsrechts, nämlich um die Fälle der Vertretung ohne Vertretungsmacht.

§ 1 Fehlen der Vertretungsmacht bei Abgabe einer ausdrücklichen Willenserklärung im Bereich der Daseinsvorsorge

Die in diesem Paragraphen zu untersuchende Problematik ergänzt die Ausführungen über die Stellvertretung im Bereich der Daseinsvorsorge bei Abgabe einer ausdrücklichen Willenserklärung. Zu diesem Problemkreis war oben[1] folgendes Ergebnis erarbeitet worden: Werden ausdrückliche Willenserklärungen abgegeben, kraft deren in Abweichung vom Regelfall die Rechtswirkungen nicht in der Person des Benutzers, sondern in der Person eines Dritten eintreten sollen, sog. Sonderverträge, so tritt, da in diesen Fällen alle konstituierenden Merkmale eines Rechtsgeschäfts vorliegen, die Fremdwirkung gem. §§ 164 ff BGB kraft Rechtsgeschäfts ein.

Zu untersuchen bleibt jetzt die Rechtslage für den Fall, daß der Vertreter die Vertretungsmacht nur vorgetäuscht hat, es sich also um einen Vertreter ohne Vertretungsmacht handelt. Zur Erläuterung der Sachproblematik mag wiederum der Parkplatzfall[2] in entsprechend abgewandelter Form dienen: Bei Abgabe der ausdrücklichen Willenserklärung handelt der Fahrer ohne Vertretungsmacht. Auf Grund der bisherigen Untersuchung wird der Vertretene in diesem Fall, da die Vorschriften des allgemeinen Vertretungsrechts Anwendung finden, gem. § 164 BGB nicht verpflichtet, wenn nicht die Voraussetzungen des heute allgemein anerkannten[3] Instituts der sog. Anscheinsvollmacht vorliegen.

---

[1] s. Seite 75 dieser Arbeit.
[2] Vgl. BGHZ 21, 319 ff.
[3] Vgl. die Literaturangaben und Nachweise aus der Rechtsprechung unten auf S. 81 Fn 13.

Zu erwägen bleibt jedoch eine Verpflichtung des vollmachtlosen Vertreters über § 179 Abs. 1 BGB hinaus und ohne die Beschränkungen der Absätze 2 und 3 dieser Bestimmung aus einem Schuldverhältnis kraft sozialtypischen Verhaltens, da er selbst die angebotene Leistung des Unternehmers durch seinen sinnbezogenen und typisierten Eingriff wirtschaftlich in Anspruch genommen und sich mithin „sozialtypisch" verhalten hat.

Oben[4] war das Verpflichtungsverhältnis des sozialtypischen Verhaltens als ein Schuldverhältnis gewährten und in Anspruch genommenen Vertrauens bezeichnet worden. Bei der hier untersuchten Problematik wird das Vertrauen des Unternehmers jedoch nicht durch den das konstituierende Merkmal des sozialtypischen Verhaltens bildenden typisierten und sinnbezogenen Eingriff in eine fremde Rechtssphäre begründet, sondern durch die ausdrückliche Willenserklärung des — allerdings vollmachtlosen — Vertreters, mit anderen Worten, der Unternehmer vertraut in diesen Fällen, in Abweichung vom Regelfall, auf das *Wort* als dem im Erklärungstatbestand verwirklichten *Willen*[5] und nicht, wie sonst üblich, auf den *Eingriff* als dem konstituierenden Tatbestandsmerkmal des Verpflichtungsverhältnisses aus sozialtypischem Verhalten. Das Verhalten des vollmachtlosen Vertreters stellt sich somit nicht als die durch den Eingriff, sondern als die durch den Willen begründete Inanspruchnahme des Vertrauens des Vertragspartners dar; mithin fehlt es in diesem Fall des Handelns des vollmachtlosen Vertreters an dem konstituierenden Tatbestandsmerkmal der Schuldverhältnisse aus sozialtypischem Verhalten. Es bleibt bei dem allgemeinen Anspruch aus § 179 BGB.

§ 2 Fremdwirkung beim sozialtypischen Verhalten auf Grund Rechtsscheins

Den Abschluß der Untersuchungen sollen Fälle der Stellvertretung ohne Abgabe einer ausdrücklichen Willenserklärung, also Fälle der Stellvertretung beim sozialtypischen Verhalten bilden. Die Problematik dieser Fälle war oben[6] dahin gelöst worden, daß eine Fremdwirkung nur im Rahmen eines sozialen Abhängigkeitsverhältnisses, beschränkt auf Vertrauensmittlung durch Sachmittel, zuzulassen ist.

Zu untersuchen bleibt jedoch die Rechtslage für den Fall, daß die materiellen Voraussetzungen dieser Fremdwirkung nicht vorliegen, jedoch der Rechtsschein eines solchen Tatbestandes gegeben ist. Die Sach-

---

[4] s. 3. Abschnitt, Kapitel 1, § 2 dieser Arbeit.
[5] Vgl. dazu oben S. 47 dieser Arbeit.
[6] Vgl. dazu oben 3. Abschnitt, Kapitel 1, § 3 dieser Arbeit.

problematik mag an einigen Beispielen verdeutlicht werden. Zunächst zwei Fälle aus dem Verkehrsrecht. Der Nachtwächter eines Busunternehmens dringt nachts in die Garagen seiner Firma ein, entwendet einen Bus, um damit „seine Linienstrecke" zu befahren. An den entsprechenden Haltestellen hält er, einige Nachtschwärmer steigen ein, zahlen das entsprechende Entgelt und verunglücken wenig später durch Verschulden des Fahrers. Gegen wen haben die Benutzer aus diesem Verpflichtungsverhältnis Ansprüche, gegen den Fahrer oder gegen den Unternehmer? Oder wie wäre die Rechtslage, wenn der Fahrer, wie in der Entscheidung des Bundesgerichtshofs in NJW 1965,387 bei diesen Nachtfahrten infolge Müdigkeit einen Omnibusbahnhof zum Parken aufgesucht hätte? Wer wäre zur Zahlung der Parkgebühr verpflichtet? Zum Schluß zwei Fälle aus dem Fernmeldewesen[7]. Ein Einbrecher steigt in die Villa eines Kaufmanns ein, der sich gerade auf einer Geschäftsreise befindet, und stiehlt wertvollen Schmuck. Nach vollendeter Tat läßt er sich über das Telephon des Kaufmanns mit seinem Freund in Südamerika verbinden, um ihm mitzuteilen, daß für beide bald eine „glücklichere Zukunft" beginne. Ist der Kaufmann zur Zahlung dieses Gesprächs verpflichtet? Wie wäre es, wenn das Hausmädchen des Kaufmanns die Abwesenheit des Prinzipals genutzt und in zahllosen Ferngesprächen mit ihrem Freund gesprochen hätte?

In all diesen Fällen handelt es sich darum, daß die materiellen Voraussetzungen für eine Fremdwirkung bei dem Schuldverhältnis des sozialtypischen Verhaltens nicht vorliegen, jedoch ein entsprechender von der wirklichen Rechtslage abweichender Rechtsschein vorhanden ist. Entweder besteht das für eine Fremdwirkung notwendige Tatbestandsmerkmal des sozialen Abhängigkeitsverhältnisses nicht (Fall des telephonierenden Einbrechers) oder die für eine Vertrauensmittlung notwendigen Sachmittel sind dem „Vertrauensmittler" trotz Bestehens eines generellen Organisationsverhältnisses überhaupt nicht zur „Vertrauensmittlung" zur Verfügung gestellt worden (die beiden Fälle des chauffierenden Nachtwächters) oder sie sind von dem Vertrauensträger zu einem anderen Zweck zur Verfügung gestellt worden und werden jetzt weisungsentfremdet — nicht zweckentfremdet[8] — benutzt (Fall des telephonierenden Hausmädchens). Trotz des Fehlens der tatbestandsmäßigen Voraussetzungen für die Zulassung einer Fremdwirkung ist ein entsprechender Rechtsschein vorhanden, auf den die — gutgläubigen — Vertragspartner vertrauen; der Parkwächter und die Post erwarten

---

[7] Dabei sollen etwa bestehende gesetzliche Sondervorschriften unberücksichtigt bleiben.

[8] Vgl. dazu oben S. 45 dieser Arbeit. Die Sinnbezogenheit des Eingriffs war als notwendiges Tatbestandsmerkmal der Schuldverhältnisse aus sozialtypischem Verhalten angesprochen worden.

ebenso wie die Fahrgäste mit dem Geschäftsherrn dieser in ein Organisationsverhältnis eingegliederten Sachmittel abzuschließen.

Somit ist ein allgemeines Problem des Gutglaubensschutzes angesprochen, die Frage nämlich, inwieweit der „Schein über das Sein"[9] zu stellen ist. Die Beantwortung dieser grundsätzlichen Frage findet sich in zahlreichen Einzelbestimmungen der verschiedensten Gesetzbücher[10], ohne daß ein allgemeiner Rechtssatz des Schutzes des guten Glaubens durch den Gesetzgeber aufgestellt worden wäre oder sich durch die Wissenschaft aufstellen ließe[11]. Es handelt sich mithin bei den verschiedenartigen Institutionen des Gutglaubensschutzes um einen von Fall zu Fall durch den Gesetzgeber durchgeführten Kompromiß zwischen den widerstreitenden Interessen des auf den Rechtsschein Vertrauenden und des von ihm Betroffenen. Bei dem Fehlen einer Gutglaubensvorschrift hat das Schweigen des Gesetzes also „institutionelle Bedeutung"[12] in dem Sinn, daß die wahre Rechtslage entscheidet, so etwa bei der Frage des Schutzes des guten Glaubens an die Geschäftsfähigkeit.

Diese Erkenntnis zwingt jedoch nicht dazu, die Untersuchungen über die Anerkennung des Rechtsscheins bei dem Schuldverhältnis des sozialtypischen Verhaltens an dieser Stelle abzubrechen, da es sich bei dem hier untersuchten Institut um eine Rechtsfortbildung praeter legem handelt, das sich somit der „ausdrücklichen" Wertung durch den Gesetzgeber entzieht. Zudem ist im Recht der Stellvertretung — auf Grund der Thematik dieser Arbeit ist allein diese Frage hier von Interesse — aus zahlreichen singulären Rechtsscheinsinstitutionen, den §§ 171 ff, 370 BGB, 15, 55, 56, 366 HGB im Wege der Rechtsanalogie der allgemeine Grundsatz abgeleitet worden, daß derjenige, der den Rechtsschein für die materiellen Voraussetzungen einer Fremdwirkung veranlaßt hat, sich gutgläubigen Dritten gegenüber nach Treu und Glauben so behandeln lassen muß, als ob er tatsächlich die Voraussetzungen für eine solche Fremdwirkung geschaffen habe.

---

[9] Vgl. Enneccerus-Nipperdey, S. 470.

[10] Vgl. z. B. aus dem BGB: §§ 68—70; 135 Abs. 2; 161 Abs. 3; 169, 674, 729; 170—173; 405; 407—408; 851; 892—893; 932 ff; 955—957; 1032; 1138; 1207; 1412; 2112 ff; 2211; 2366—2367; aus dem HGB: §§ 15; 56; 363 ff; 366; 510; aus dem Wechselgesetz: Art. 16—17; aus dem Scheckgesetz: Art. 21; 22. Zur dogmatischen Analyse dieser Institute, unter Berücksichtigung ihrer Gemeinsamkeiten und Besonderheiten, vgl. Westermann JuS 1963, S. 1 ff und Hachenburg, a. a. O., S. 130 ff (jeweils mit weiteren Nachweisen).

[11] Es ist heute allgemein anerkannt, daß bei Fehlen einer Gutglaubensvorschrift die wahre Rechtslage entscheidet; vgl. Enneccerus-Nipperdey, S. 470; Lehmann, AT, S. 125; v. Tuhr, S. 134; Westermann, JuS 1963, S. 2; Oertmann, ZHR 95, S. 458 ff m. w. N. hauptsächlich aus der älteren Literatur; anders noch Herbert Meyer, Publizitätsprinzip, S. 96 und Rechtsschein, S. 11 ff, der aber keinerlei Gefolgschaft gefunden hat.

[12] Westermann, JuS 1963, S. 2.

Überträgt man diesen heute ganz allgemein anerkannten Grundsatz[13] der Beachtlichkeit des guten Glaubens an das Vorliegen der materiellen Voraussetzungen einer Fremdwirkung auf das Schuldverhältnis aus sozialtypischem Verhalten, das ja genauso wie die Anscheinsvollmacht aus dem Prinzip des Vertrauensschutzes[14] erwächst und somit auf der *gleichen dogmatischen Grundlage* gegründet ist[15], so ist jedoch auf eine durch den Rechtscharakter des sozialtypischen Verhaltens bedingte Andersartigkeit hinzuweisen. In den bisherigen Fällen der Anscheinsvollmacht war das Verhalten, an das der Rechtsschein geknüpft ist, rechtsgeschäftlicher Art, im Falle des sozialtypischen Verhaltens ist es jedoch, wie die Ausführungen oben gezeigt haben, tatsächlicher Natur. Grundsätzlich steht es dem Gesetzgeber frei, von welchem Parteiverhalten er die Beachtlichkeit des Rechtsscheins abhängig machen will. Erkennt man jedoch das Rechtsinstitut des sozialtypischen Verhaltens als Neuschöpfung an, dann muß man auch im Wege der Rechtsfortbildung zulassen, daß der Rechtsschein an den Realakt des sozialtypischen Verhaltens geknüpft wird[16]. Somit bestimmen sich nach Maßgabe des ver-

---

[13] Das Institut der Anscheinsvollmacht ist heute in Rechtsprechung und Wissenschaft allgemein anerkannt. Vgl. Staudinger-Coing, § 167 Anm. 9; Staudinger-Weber, § 242 Anm. A 203; Enneccerus-Nipperdey, § 184 II 3 c; Soergel-Schultze-v. Lasaulx, § 167 Anm. 12; Würdinger in HGB-RGRK, § 54 Anm. 12; Schlegelberger-Hildebrandt, § 54 Anm. 9; Canaris in BGB-RGRK, § 167 Anm. 6; Westermann, JuS 1963, S. 6; Fikentscher, AcP 154, S. 2; aus der älteren Literatur vgl. Heymann, RG-Festschrift, IV. Band, S. 325 ff; Wellspacher, a. a. O., S. 95 ff; Rümelin, AcP 93, S. 300; Krause, a. a. O., S. 155 ff, der die Anscheinsvollmacht vor allem aus § 56 HGB zu begründen versucht und sie daher folgerichtig auf den kaufmännischen Verkehr beschränkt. Vereinzelt sind auch andere Lösungsversuche gemacht worden: Titze, JW 1925, S. 1753, will die Fälle der Anscheinsvollmacht über die Grundsätze der culpa in contrahendo lösen; Manigk, Beiträge zum Wirtschaftsrecht, II. Band, S. 635 ff, hat die Anscheinsvollmacht als fahrlässige Willenserklärung zu konstruieren versucht (zum Begriff der fahrlässigen Willenserklärung vgl. Manigk, Irrtum und Auslegung, S. 108 ff und S. 250 ff). Flume, Rechtsgeschäft, S. 834, und früher auch von Tuhr, S. 393 bis 395, lehnen das Rechtsinstitut der Anscheinsvollmacht grundsätzlich ab.

[14] Das ist heute allgemein anerkannt, vgl. die Literaturangaben auf S. 81 dieser Arbeit, Fn 13.

[15] Vgl. dazu auch Coing a. a. O., S. 30 f. Es ist in diesem Fall nicht erforderlich, daß sich das Auftreten des Vertreters über einen gewissen Zeitraum erstreckt, da eine ausreichende Rechtsscheinsgrundlage durch die enge Beziehung des sozialen Abhängigkeitsverhältnisses zwischen Vertreter und Vertretenem gegeben ist; vgl. auch Staudinger-Weber, § 242 Anm. A 210, und aus der Rechtsprechung LG Oldenburg in MDR 1959, S. 37.

[16] Die Rechtsprechung hat die Theorie der Anscheinsvollmacht sogar dahingehend ausgedehnt, daß die Scheinvollmacht nicht nur die Haftung aus Vertrag begründen, sondern eine bereits bestehende Haftung in dem Sinne erweitern kann, daß sie auf eine Haftung für Erfüllungsgehilfen gem. § 278 BGB auszudehnen ist. „Der Erfüllungsgehilfe des Unternehmers beim Werkvertrag kann auch ohne Bevollmächtigung kraft Rechtsscheins als ermächtigt gelten, weitere Erfüllungsgehilfen zur Ausführung der vertraglichen Arbeiten zu bestellen", so der BGH in NJW 1952, 217 = BB 1952, 43; vgl. ferner BGH in BB 1952, 67; und LG Cleve in MDR 1954, S. 675; zustimmend Fikentscher, AcP 154, S. 9; ablehnend Reimer Schmidt bei Soergel-Siebert, § 278 Anm. 10.

anlaßten[17] Rechtsscheins[18], der Innehabung von Sachmitteln im Rahmen eines Organisationsverhältnisses, die Rechtsfolgen der Fremdwirkung. Löst man nach diesen Grundsätzen die vorstehenden Fälle, so ist im Fall des telephonierenden Hausmädchens eine Fremdwirkung zuzulassen, während sie in den drei anderen Fällen wegen mangelnder Veranlassung des Rechtsscheins seitens des Geschäftsherrn abzulehnen ist.

In diesen Fällen ist jedoch die analoge Anwendung des § 179 BGB geboten, da auch hier, genauso wie beim rechtsgeschäftlichen Handeln, in dem Vertragspartner das Vertrauen erweckt wurde, er werde in Rechtsbeziehungen zu dem Geschäftsherrn treten, und der Vertragspartner in eben diesem Vertrauen enttäuscht wurde; somit ist auch bei der fehlgeschlagenen Fremdwirkung im Rahmen eines Organisationsverhältnisses der Normzweck[19] des § 179 BGB erfüllt.

Ergebnis:

Handelt bei Abgabe einer ausdrücklichen Willenserklärung im Bereich der Daseinsvorsorge der Vertreter ohne Vertretungsmacht, so wird der Geschäftsherr als der Vertretene nicht verpflichtet, es sei denn, daß die Grundsätze der sog. Anscheinsvollmacht eingreifen. Auch der Vertreter wird in diesen Fällen aus einem Schuldverhältnis aus sozialtypischem Verhalten nicht verpflichtet, da es an einem entsprechenden, in seiner Person begründeten, durch den Eingriff als dem konstituierenden Tatbestandsmerkmal derartiger Verpflichtungsverhältnisse bedingten Vertrauenstatbestand fehlt. Es bleibt bei der allgemeinen Haftung aus § 179 BGB.

---

[17] Es ist heute ganz allgemein anerkannt, daß der Vertretene, als der „Betroffene" des Rechtsscheins, diesen veranlaßt haben muß, und sei es nur dadurch, daß er es unterlassen hat, den Rechtsschein zu beseitigen. Dabei begnügt man sich entweder mit der Kausalität des Tuns des Betroffenen (so Enneccerus-Nipperdey, § 184 II 3 c), oder aber man verlangt darüber hinaus ein Verschulden des Vertretenen (so Staudinger-Coing, § 167 Anm. 9 i; es kann sich dann aber nur um ein Verschulden gegen sich selbst in der Bedeutung des § 254 BGB handeln, da eine Rechtspflicht einem anderen gegenüber nicht verletzt wird). Dieser dogmatische Unterschied verliert aber seine praktische Bedeutung dadurch, daß man allgemein der Rechtsprechung des Bundesgerichtshofs zustimmt: „Eine Haftung des Geschäftsherrn ist dann ausgeschlossen, wenn er das Auftreten des Vertreters auch bei Anwendung pflichtgemäßer Sorgfalt nicht erkennen und verhindern konnte", so BGH LM § 167 Nr. 13. Ausführlich zu diesem Problemkreis: Deutsch, a. a. O., S. 355 ff.

[18] Grundlage dieses Rechtsscheins, der die Berechtigung des Gehilfen wahrscheinlich macht, die sog. Rechtsscheinsposition (vgl. dazu statt aller Westermann, JuS 1963, S. 2), ist die Innehabung von Sachmitteln im Rahmen eines Organisationsverhältnisses. Da dies ein objektives Kriterium darstellt, kommt es auf die bekannte Streitfrage, ob der Vertreter Vertretungswillen haben muß, nicht an. (Dafür: die herrschende Lehre, vgl. Enneccerus-Nipperdey, § 184 II 3 c; a. A.: Fikentscher, AcP 154, S. 15 ff, und sich ihm anschließend der BGH in NJW 1962, 2196.)

[19] Vgl. statt aller: Enneccerus-Nipperdey, § 183 I 3.

Liegen im Fall der Stellvertretung beim sozialtypischen Verhalten die materiellen Voraussetzungen der Fremdwirkung — Zurverfügungstellen von Sachmitteln im Rahmen eines Organisationsverhältnisses — nicht vor, so kann der Geschäftsherr auch in diesem Fall nur über die Grundsätze der sog. Anscheinsvollmacht, die auch hier Anwendung finden, verpflichtet werden. Fehlt es an diesen Voraussetzungen einer Fremdwirkung, so ergibt sich eine Haftung des Vertreters nur aus einer entsprechenden Anwendung des § 179 BGB.

Zusammenfassung

Aufgabe der Untersuchung war es festzustellen, wie sich das im Wege richterlicher Rechtsfortbildung anerkannte Institut des Schuldverhältnisses aus sozialtypischem Verhalten dogmatisch in unser Privatrechtssystem einfügen läßt. Die Analyse beschränkte sich auf die Frage der Stellvertretung im Bereich der Daseinsvorsorge. Es wurden folgende Ergebnisse erarbeitet:

1. Werden im Bereich der Daseinsvorsorge keine Sonderverträge geschlossen, so kommt das Verpflichtungsverhältnis durch sozialtypisches Verhalten zustande. Eine dogmatische Analyse ergibt, daß es sich bei diesem Schuldverhältnis aus sozialtypischem Verhalten im Gegensatz zu der Auffassung von Betti und Bärmann nicht um ein Rechtsgeschäft, sondern um einen zweiseitigen Realakt oder um ein sog. reales Verhalten handelt. Die Frage nach der dogmatischen Struktur dieses zweiseitigen Realaktes ist dahin zu beantworten, daß sich das Schuldverhältnis aus sozialtypischem Verhalten als ein in Rechtsanalogie zu den §§ 14 Abs. IV S.1, 15 Abs. III S.2, 19 Abs. III S.3 EVO und Abs. III Ziff. 2 S.2 AVB geschaffenes gesetzliches Schuldverhältnis gewährten und in Anspruch genommenen Vertrauens darstellt, dessen konstituierendes Tatbestandsmerkmal in dem sinnbezogenen und typisierten Eingriff in ein fremdes Rechtsgut zu finden ist; es handelt sich somit um einen Fall gesetzlicher Vertrauenshaftung. Auf diesen objektiven Verpflichtungstatbestand kann die Normengruppe der gewillkürten Stellvertretung der §§ 164 ff BGB auf Grund der völlig andersartigen Zurechnungskriterien — Willensautonomie in dem einen, Beanspruchung gewährten Vertrauens in dem anderen Fall — nicht angewandt werden. Eine Fremdwirkung ist nur im Rahmen eines sozialen Abhängigkeitsverhältnisses, das sich auch im Außenverhältnis als Vertrauensverhältnis darstellt, beschränkt auf Vertrauensmittlung durch Sachmittel, zuzulassen. Eine solche Fremdwirkung stört weder den notwendig typisierten Ablauf dieser Leistungsbeziehungen noch ist das Schutzbedürfnis der Vertrauensmittler bei Personenschäden durch ungenügende Sicherung der Gläubigersphäre beeinträchtigt. Neben der dogmatischen Notwendigkeit einer Fremdwirkung liegt ein praktischer Vorteil im Zivilprozeß und im Konkursverfahren begründet.

Liegen die materiellen Voraussetzungen dieser „Gehilfenschaft" nicht vor, so ist eine Fremdwirkung nur über die Grundsätze der sog. Anscheinsvollmacht, die auch in diesem Fall Anwendung finden, zuzulassen. Wird das Verpflichtungsverhältnis mangels der materiellen Voraussetzungen nicht in der Person des Geschäftsherrn begründet, so ergibt sich eine Haftung des Vertreters aus einer entsprechenden Anwendung des § 179 BGB.

2. Werden im Bereich der Daseinsvorsorge ausdrückliche Willenserklärungen abgegeben, kraft deren in Abweichung vom Regelfall die Rechtswirkungen nicht in der Person des Benutzers, sondern in der Person eines Dritten eintreten sollen, sog. Sonderverträge, so tritt, da in diesen Fällen alle konstituierenden Merkmale eines Rechtsgeschäfts vorliegen, die Fremdwirkung kraft Rechtsgeschäfts gem. §§ 164 ff. BGB ein. Die Meinung Simitis', daß die Willenserklärung im Bereich der Daseinsvorsorge schlechthin inexistent sei, ist als dogmatisch unrichtig abzuweisen.

Handelt bei Abgabe einer ausdrücklichen Willenserklärung der Vertreter ohne Vertretungsmacht, so wird der Geschäftsherr als der Vertretene grundsätzlich nicht verpflichtet, es sei denn, daß die Grundsätze der sog. Anscheinsvollmacht eingreifen. Im Falle fehlender Fremdwirkung wird auch der Vertreter aus einem Schuldverhältnis aus sozialtypischem Verhalten nicht verpflichtet, da es an einem entsprechenden, in seiner Person begründeten, durch den Eingriff als dem konstituierenden Tatbestandsmerkmal derartiger Verpflichtungsverhältnisse bedingten Vertrauenstatbestand fehlt. Es bleibt bei der allgemeinen Haftung aus § 179 BGB.

Literaturverzeichnis

Bärmann, Johannes, Typisierte Zivilrechtsordnung der Daseinsvorsorge, Karlsruhe 1948.

Ballerstedt, Kurt, Zur Haftung für culpa in contrahendo bei Geschäftsabschluß durch Stellvertreter. In: AcP 151, S. 501 ff.

— Rezension über: Spiros Simitis: Die faktischen Vertragsverhältnisse als Ausdruck der gewandelten sozialen Funktion der Rechtsinstitute des Privatrechts, Frankfurt/M. 1957. In: AcP 1957, S. 117 ff.

Baur, Fritz, Lehrbuch des Sachenrechts, 2. Aufl., München und Berlin 1963.

— Zivilrechtslehrertagung 1957. In: JZ 1957, S. 764 ff.

Betti, Emilio, Über sogenannte faktische Vertragsverhältnisse. In: Festschrift für Heinrich Lehmann, 1. Bd, Berlin, Tübingen, Frankfurt 1956, S. 253 ff.

BGB-RGRK, Kommentar zum Bürgerlichen Gesetzbuch, herausgegeben von Reichsgerichtsräten und Bundesrichtern. I. Bd 1. Teil, 11. Aufl. Berlin 1959, bearbeitet von: §§ 158—185 Kuhn III. Bd 1. Teil, 11. Aufl. Berlin 1959 bearbeitet von: §§ 854—873 Kregel §§ 929—1011 Johannsen.

Blomeyer, Arwed, Allgemeines Schuldrecht, 3. Aufl., Berlin u. Frankfurt 1964, zit: Blomeyer, L 3.

— Anmerkung zum Urteil des BGH vom 14. 7. 1956 AZ/V ZR 223/54. In: MDR 1957, S. 153 f.

Boehmer, Gustav, Grundlagen der bürgerlichen Rechtsordnung, 2. Buch, 1. Abteilung, Tübingen 1951.

— Einführung in das bürgerliche Recht, 2. Aufl., Tübingen 1965.

Börner, Bodo, Faktische Verträge im Energierecht. Ein Beispiel für die Aufgaben der wissenschaftlichen Behandlung eines Sonderrechtsgebietes. In: Festschrift für Hans Carl Nipperdey zum 70. Geburtstag, Bd I, S. 185 ff, München und Berlin 1965.

Brox, Hans, Die Einschränkung der Irrtumsanfechtung. Ein Beitrag zur Lehre von der Willenserklärung und deren Auslegung, Karlsruhe 1960.

Bruns, Viktor, Besitzerwerb durch Interessenvertreter. Ein Beitrag zur Besitzlehre des Bürgerlichen Gesetzbuches, Tübingen 1910.

Buchka, Hermann, Die Lehre von der Stellvertretung bei Eingehung von Verträgen, Rostock und Schwerin 1852.

Caemmerer, Ernst v., Wandlungen im Deliktsrecht. In: Hundert Jahre Deutsches Rechtsleben, Bd 2, Karlsruhe 1960, S. 49 ff.

Canaris, Claus-Wilhelm, Das Verlöbnis als „gesetzliches" Schuldverhältnis. Ein Beitrag zur Lehre von der „Vertrauenshaftung". In: AcP 165, S. 1 ff.

Canstein, Raban Frhr. v., Vollmacht und Auftrag mit Stellvertretungsbefugnis. In: Grünhuts Zeitschrift für das Privat- u. öffentl. Recht der Gegenwart, 3. Bd, S. 670 ff.

Coing, Helmut, Bemerkungen zum überkommenen Zivilrechtssystem. In: Vom Deutschen zum Europäischen Recht. Festschrift für Hans Dölle, Bd I, S. 25 ff, Tübingen 1963.

Curtius, Friedrich, Die Stellvertretung bei Eingehung von Verträgen. In: AcP 58, S. 69 ff.

Deutsch, Erwin, Fahrlässigkeit und erforderliche Sorgfalt. Eine privatrechtliche Untersuchung. Köln-Berlin-Bonn-München 1963.

Dölle, Hans, Außergesetzliche Schuldpflichten. In: ZStaatsW 103, S. 67 ff.
— Juristische Entdeckungen. In: Verhandlungen des 42. Deutschen Juristentages, Bd II Teil B, Tübingen 1958.

Dorn, Horst, Die Übernahme der Geschäftsführung ohne Auftrag. Zugleich ein Versuch, den Anwendungsbereich der §§ 677 ff BGB zu erweitern. Diss. Erl. 1960.
— Strukturgleichheit zwischen faktischen Vertragsverhältnissen und Geschäftsführung ohne Auftrag. In: NJW 1964, 799 ff.

Eichler, Hermann, Die Rechtslehre vom Vertrauen. Privatrechtliche Untersuchungen über den Schutz des Vertrauens, Tübingen 1950.

Enneccerus-Lehmann, Recht der Schuldverhältnisse, 15. Bearbeitung, Tübingen 1958.

Enneccerus-Nipperdey, Allgemeiner Teil des Bürgerlichen Rechts, 1. u. 2. Halbband, 15. Aufl., Tübingen 1960.

Erman, Walter, Handkommentar zum Bürgerlichen Gesetzbuch, Bd I 3. Aufl. Münster 1962 bearbeitet von: §§ 104—144 Westermann §§ 145—163 Hefermehl; Bd II 3. Aufl. Münster 1962 bearbeitet von: §§ 937—1005 Hefermehl.
— Beiträge zur Haftung für das Verhalten bei Vertragsverhandlungen. In: AcP 139, S. 273 ff.
— Faktische Vertragsverhältnisse oder Geschäftsführung ohne Auftrag. In: NJW 1965, 421 ff.

Esser, Josef, Schuldrecht, Allgemeiner und besonderer Teil, 2. Aufl., Karlsruhe 1960, zit.: Esser, L 2.
— Gedanken zur Dogmatik der „faktischen Schuldverhältnisse". In: AcP 157, S. 86 ff.
— Rezension über: Haupt, Günter: Über faktische Vertragsverhältnisse. Sonderabdruck aus der Leipziger Festgabe für H. Silber. Leipziger rechtswissenschaftliche Studien H. 124, Leipzig 1941. In: Schmollers Jahrbuch für Gesetzgebung, Verwaltung und Volkswirtschaft im Deutschen Reiche, 1942 I. Halbband, S. 230 ff.

Fikentscher, Wolfgang, Das Schuldrecht, Berlin 1965, zit.: Fikentscher, L oder Fikentscher, Schuldrecht.
— Scheinvollmacht und Vertreterbegriff. In: AcP 154, S. 1 ff.

Finger, Hans-Joachim, Eisenbahn-Verkehrsordnung mit Allgemeinen Ausführungsbestimmungen, unter Berücksichtigung der höchstrichterlichen Rechtsprechung, 3. Aufl., München und Berlin 1963.

Floegel-Hartung, Straßenverkehrsrecht, 15. Aufl., München und Berlin 1965.

Flume, Werner, Allgemeiner Teil des Bürgerlichen Rechts, Bd 2. Das Rechtsgeschäft, Berlin, Heidelberg 1965.

Flume, Werner, Das Rechtsgeschäft und das rechtlich relevante Verhalten. In: AcP 161, S. 52 ff.
— Rechtsgeschäft und Privatautonomie. In: Hundert Jahre Deutsches Rechtsleben. Festschrift zum 100jährigen Bestehen des deutschen Juristentages 1860—1960, Bd 1, S. 135 ff, Karlsruhe 1960.
— Der verlängerte und erweiterte Eigentumsvorbehalt. In: NJW 1950, S. 841 ff.
Forsthoff, Ernst, Die Verwaltung als Leistungsträger, Königsberger rechtswissenschaftliche Forschungen, Bd 2, Stuttgart und Berlin 1938.
Friedrich, Irmela, Zur Rechtsprechung über die Vertragsstrafe nach den „Allgemeinen Versorgungsbedingungen" der Elektrizitätsversorgungsunternehmen. In: Elektrizitätswirtschaft 1957, S. 489 ff.
Gareis, Carl, Die Verträge zu Gunsten Dritter, Würzburg 1873.
Gernhuber, Joachim, Drittwirkungen im Schuldverhältnis kraft Leistungsnähe. Zur Lehre von den Verträgen mit Schutzwirkung für Dritte. In: Festschrift für Arthur Nikisch, Tübingen 1958, S. 249 ff.
Gierke, Julius v., Rezension über: Günter Haupt, Die faktischen Vertragsverhältnisse, Sonderabdruck aus der Leipziger Festgabe für H. Silber. Leipziger rechtswissenschaftliche Studien H. 124, Leipzig 1941. In: ZHR 109, S. 264 ff.
Habscheid, Walther, Bericht über die Tagung der Zivilrechtslehrer in Bad Mergentheim am 9. u. 10. Oktober 1957. In: AcP 157, S. 100 ff.
Hachenburg, Max, Das Bürgerliche Gesetzbuch für das Deutsche Reich, Vorträge gehalten in den Jahren 1896/97, 2. Aufl., Mannheim 1900.
Hammer, Wilhelm, Rechtsfragen aus der Anwendung der AVB Gas unter besonderer Berücksichtigung der Abnehmerverpflichtungen. In: Gas- und Wasserfach 1962, S. 1206 ff.
Haupt, Günter, Über faktische Vertragsverhältnisse, Leipziger rechtswissenschaftliche Studien, H. 124, Leipzig 1941.
Hellmann, Friedrich, Die Stellvertretung im Rechtsgeschäft, München 1882.
Herz, Ernst, Der Rechtsgrund für den Eigentumserwerb am Arbeitsprodukt im Arbeitsvertrag. In: JherJhb 74, S. 1 ff.
Hippel, Fritz v., Das Problem der rechtsgeschäftlichen Privatautonomie. Beiträge zu einem natürlichen System des privaten Verkehrsrechts und zur Erforschung der Rechtstheorie des 19. Jahrhunderts, Tübingen 1936.
Hübner, Heinz, Zurechnung statt Fiktion einer Willenserklärung. In: Festschrift für Hans Carl Nipperdey zum 70. Geburtstag, Bd I, S. 373 ff, München und Berlin 1965.
Ihering, Rudolf v., Geist des römischen Rechts, 3. Teil, 4. Aufl., Leipzig 1888.
Isay, Hermann, Die Willenserklärung im Thatbestande des Rechtsgeschäfts nach dem Bürgerlichen Gesetzbuch für das Deutsche Reich, Jena 1899.
Jacobi, Ernst, Die Theorie der Willenserklärungen, München 1910.
Kämmerer, Faktisches Vertragsverhältnis und Postbenutzung. In: Postarchiv 1943, S. 397 ff.
Keith, Franz, Die analoge Anwendung der Regeln über die Stellvertretung auf den Besitzerwerb durch Besitzdiener, Diss. Münster 1931.
Kittel, Rezension über: Haupt, Günter: Über faktische Vertragsverhältnisse. Aus der Schriftenreihe: Leipziger rechtswissenschaftliche Studien, Leipzig 1941. In: Archiv für Eisenbahnwesen 1942, S. 643 ff.

Kötter, Hans-Wilhelm, Die Tauglichkeit der Vorausabtretung als Sicherungsmittel des Geld- und Warenkredits, unter besonderer Berücksichtigung der Rechtsprechung des Bundesgerichtshofs, Frankfurt/M. 1960.

Krause, Hermann, Schweigen im Rechtsverkehr, Beiträge zur Lehre vom Bestätigungsschreiben, von der Vollmacht und von der Verwirkung, Marburg 1933.

— Rezension über: Siebert, Wolfgang: Faktische Vertragsverhältnisse. Abwandlungen des Vertragsrechts in den Bereichen der Daseinsvorsorge, des Gesellschaftsrechts und des Arbeitsrechts. Juristische Studiengesellschaft, Karlsruhe, Schriftenreihe H. 41, Karlsruhe 1958. In: BB 1959, S. 419 f.

Küchenhoff, Günther, Faktische Vertragsverhältnisse und faktische Arbeitsverhältnisse? In: Recht der Arbeit 1958, S. 121 ff.

Laband, Paul, Die Stellvertretung beim Abschluß von Rechtsgeschäften nach dem HGB. In: ZHR 10, S. 183 ff.

Lange, Heinrich, BGB Allgemeiner Teil, 6. Aufl., München und Berlin 1963.

Larenz, Karl, Lehrbuch des Schuldrechts, 1. Band Allgemeiner Teil, 1. Aufl., München u. Berlin 1953, zit.: Larenz, L 1.

— Lehrbuch des Schuldrechts, 1. Bd Allgemeiner Teil, 7. Aufl., München u. Berlin 1964, zit.: Larenz, L 7.

— Methodenlehre der Rechtswissenschaft. Berlin, Göttingen, Heidelberg 1960.

— Die Begründung von Schuldverhältnissen durch sozialtypisches Verhalten. In: NJW 1956, S. 1897 ff.

— Sozialtypisches Verhalten als Verpflichtungsgrund. In: Deutsche Richterzeitung 1958, S. 245 ff.

— Rezension über: Die faktischen Vertragsverhältnisse als Ausdruck der gewandelten sozialen Funktion der Rechtsinstitute des Privatrechts. Von Dr. Spiros Simitis, Frankfurt/M. 1957. In: NJW 1958, S. 862 ff.

Lassally, Oswald, Der Fund in Geschäftsräumen durch Angestellte. In: Juristische Rundschau 1927, S. 347 ff.

Laufke, Franz, Zum Eigentumserwerb nach § 950 BGB. In: Festschrift für Alfred Hueck, München u. Berlin 1959, S. 69 ff.

Lehmann, Heinrich, Allgemeiner Teil des Bürgerlichen Gesetzbuches, 14. Aufl., Berlin 1963.

— Das „faktische" Vertragsverhältnis. In: JherJhb 90, S. 131 ff.

— Faktische Vertragsverhältnisse. In: NJW 1958, S. 1 ff.

Leonhard, Franz, Vertretung beim Fahrniserwerb, Leipzig 1899.

Löning, George A., „Faktische Verträge" oder Öffentliches Recht? Zur Rechtstellung der Versorgungsbetriebe, der Post und der Straßenbahnen. In: ZAkDR 1942, S. 289 ff.

Ludwig-Cordt-Stech, Recht der Elektrizitäts-, Gas- und Wasserversorgung, Frankfurt/M. 1965.

Manigk, Alfred, Das Anwendungsgebiet der Vorschriften für die Rechtsgeschäfte. Ein Beitrag zur Lehre vom Rechtsgeschäft, Breslau 1901.

— Das System der juristischen Handlungen im neuesten Schrifttum. In: JherJhb 83, S. 1 ff.

— Willenserklärung und Willensgeschäft, ihr Begriff und ihre Behandlung Berlin 1907.

Manigk, Alfred, Das rechtswirksame Verwalten. Systematischer Aufbau und Behandlung der Rechtsakte des Bürgerlichen und Handelsrechts, Berlin 1939.

Mitteis, Ludwig, Die Lehre von der Stellvertretung nach römischem Recht, Wien 1885.

Müllereisert, F. A., Schuld und Haftung im Strafrecht und im Privatrecht, Karlsruhe 1941.

— Begründet die Landung auf einem Flughafen ein „faktisches Vertragsverhältnis"? In: Deutsches Gemein- und Wirtschaftsrecht 1942, S. 160 f.

Müller-Freienfels, Wolfram, Die Vertretung beim Rechtsgeschäft, Tübingen 1955.

Neymayer, Karl H., Vertragsschluß durch Kreuzofferten? In: Festschrift für Otto Riese, Karlsruhe 1964, S. 309 ff.

Nikisch, Arthur, Über „faktische Vertragsverhältnisse". In: Festschrift für Hans Dölle, Bd I, Deutsches Privat- und Zivilprozeßrecht, Rechtsvergleichung, Tübingen 1963, S. 79 ff.

Nipperdey, Hans Carl, Faktische Vertragsverhältnisse? In: MDR 1957, S. 129 ff.

Nolte, Hermann, Rezension über: Über faktische Vertragsverhältnisse. Von Günter Haupt, Leipziger rechtswissenschaftliche Studien. H. Nr. 124, Leipzig 1941. In: Deutsches Recht 1942, S. 717 f.

Palandt, Bürgerliches Gesetzbuch, 23. Aufl., München und Berlin 1964, §§ 1—432 Danckelmann §§ 854—1296 Hoche.

Planck, Kommentar zum Bürgerlichen Gesetzbuch nebst Einführungsgesetz, I. Band Allgemeiner Teil, 4. Aufl., Berlin 1913, bearbeitet von: §§ 104 bis 185 Flad.

Puchta, Georg Friedrich, Pandekten, 9. Aufl., bearbeitet von A. F. Rudorff, Leipzig 1863.

Raiser, Ludwig, Vertragsfunktion und Vertragsfreiheit. In: Hundert Jahre Deutsches Rechtsleben, Festschrift zum 100jährigen Bestehen des Deutschen Juristentages 1860—1960, Karlsruhe 1960, Bd 1 S. 101 ff.

Riezler, Erwin, Venire contra factum proprium, Studien im Römischen, Englischen und Deutschen Zivilrecht, Leipzig 1912.

Rümelin, M., Das Handeln in fremdem Namen im bürgerlichen Gesetzbuch. In: AcP 93, S. 131 ff.

Ruhstrat, E., Inwiefern haftet heutzutage der Mandatar aus den Verträgen, die er als solcher geschlossen hat? In: AcP 30, S. 340 ff.

Savigny, Friedrich Carl v., Das Obligationrecht als Theil des heutigen Römischen Rechts Bd II: Entstehung der Obligationen, Berlin 1853.

Scheurl, Stellvertretung, insbesondere bei Begründung von Obligationen. In: Kritische Überschau der deutschen Gesetzgebung und Rechtswissenschaft, Bd 1, S. 316 ff.

Schulze, Werner, Zwei Fragen zur Auslegung der §§ 987 ff BGB. In: Gruch 64, S. 400 ff.

Siebenhaar, Hermann, Vertreter des Vertreters? In: AcP 162, S. 354 ff.

Siebert, Wolfgang, Faktische Vertragsverhältnisse. Abwandlungen des Vertragsrechts in den Bereichen der Daseinsvorsorge, des Gesellschaftsrechts und des Arbeitsrechts. In: Juristische Studiengesellschaft Karlsruhe. Schriftenreihe H. 41, Karlsruhe 1958.

Simitis, Spiros, Die faktischen Vertragsverhältnisse als Ausdruck der gewandelten sozialen Funktion der Rechtsinstitute des Privatrechts, Frankfurt/M. 1957.

Soergel-Siebert, Kommentar zum Bürgerlichen Gesetzbuch mit Einführungsgesetz und Nebengesetzen, I. Band, 9. Aufl., Stuttgart 1959, bearbeitet von: §§ 104—115 Seydel, §§ 116—144 Hefermehl, §§ 145—156 Mezger, §§ 164—185 Schultze v. Lasaulx, §§ 243—432 Reimer Schmidt, III. Band, 9. Aufl. Stuttgart 1960, bearbeitet von: §§ 929—984 Oechßler.

Spiess, W., „Faktische Verträge" oder öffentliches Recht — oder Tarif? In: ZAkDR 1942, S. 340 ff.

— Der Tarif als Verpflichtungsgrund. In: ZAkDR 1943, S. 170 ff.

Staudinger, Kommentar zum Bürgerlichen Gesetzbuch mit Einführungsgesetz und Nebengesetzen, I. Band, 11. Aufl. Berlin 1957, bearbeitet von: §§ 1—240 Coing, III. Band 1. Teil, 11. Aufl. Berlin 1956, bearbeitet von: §§ 854—928 Seufert, §§ 929—1011 Berg.

Stoll, Heinrich, Die Lehre von den Leistungsstörungen, Tübingen 1936.

Tasche, Vertragsverhältnis nach nichtigem Vertragsschluß? In: JherJhb 90, S. 101 ff.

Tuhr, Andreas v., Der Allgemeine Teil des Deutschen Bürgerlichen Rechts, II. Band 1. Hälfte, München u. Leipzig 1914, II. Band 2. Hälfte, München u. Leipzig 1918.

Weber, Max, Grundriß der Sozialökonomik, 3. Abteilung: Wirtschaft und Gesellschaft, 3. Aufl., Tübingen 1947.

Weirauch-Heinze, Eisenbahn-Verkehrsordnung vom 8. September 1938, mit Allgemeinen Ausführungsbestimmungen, 8. Aufl., Berlin 1962.

Wellspacher, Moritz, Das Vertrauen auf äußere Tatbestände im bürgerlichen Recht, Wien 1906.

Wesenberg, Gerhard, Verträge zugunsten Dritter. Rechtsgeschichtliches und Rechtsvergleichendes, Weimar 1949.

— Zum Stand der Diskussion um die Faktischen Vertragsverhältnisse. In: DRiZ 1953, S. 19 f.

Westermann, Harry, Sachenrecht, 4. Aufl., Karlsruhe 1960.

— Interessenkollisionen und ihre richterliche Wertung bei den Sicherungsrechten an Fahrnis und Forderungen. Juristische Studiengesellschaft Karlsruhe, Schriftenreihe H. 11, Karlsruhe 1954.

— Wesen und Grenzen der richterlichen Streitentscheidung im Zivilrecht, Schriften der Gesellschaft zur Förderung der Westfälischen Wilhelms-Universität zu Münster Nr. 32, Münster 1955.

— Besitzerwerb und Besitzverlust durch Besitzdiener. In: JuS 1961, S. 79 ff.

— Die Grundlagen des Gutglaubensschutzes. In: JuS 1963, S. 1 ff.

— Einheit und Vielfalt der Wertungen in der Irrtumslehre. Ein Querschnitt durch die Irrtumsregelung des Zivilrechts. In: JuS 1964, S. 169 ff.

Wieacker, Franz, Leistungsbeziehungen ohne Vereinbarung. In: ZAkDR 1943, S. 33 ff.

— Anmerkung zum Urteil d. BGH vom 14. 7. 1956, Az: VZR 223/54. In: JZ 1957, S. 61 f.

— Rezension über: Simitis, Spiros: Die faktischen Vertragsverhältnisse als Ausdruck der gewandelten sozialen Funktion der Rechtsinstitute des Privatrechts, Frankfurt/M. 1957. In: JZ 1959, S. 382 f.
— Willenserklärung und sozialtypisches Verhalten. In: Göttinger Festschrift für das Oberlandesgericht Celle, Göttinger rechtswissenschaftliche Studien, Bd 40, S. 263 ff, Göttingen 1961.

Wolff, Hans J., Theorie der Vertretung, Berlin 1934.
— Verwaltungsrecht I, 6. Aufl., München und Berlin 1960.

Wolff, Karl, Mentalreservation. In: JherJhb 81, S. 53 ff.

Wolff-Raiser, Sachenrecht, 10. Bearbeitung, Tübingen 1957.

Zeuner, Albrecht, Die fremdwirkende Verarbeitung als Zurechnungsproblem. In: JZ 1955, S. 195 ff.

Printed by Libri Plureos GmbH
in Hamburg, Germany